HENRY KISSINGER

DR. WOLFGANG SEYBOLD

DIE BIOGRAFIE

HENRY KISSINGER

DR. WOLFGANG SEYBOLD

DIE BIOGRAFIE

FBV

Bibliografische Information der Deutschen Nationalbibliothek
Die Deutsche Nationalbibliothek verzeichnet diese Publikation in der Deutschen Nationalbibliografie; detaillierte bibliografische Daten sind im Internet über http://d-nb.de abrufbar.

Für Fragen und Anregungen
info@m-vg.de

2. Auflage 2024

Türkenstraße 89
D-80799 München
Tel.: 089 651285-0

Umschlaggestaltung: Maria Verdorfer
Umschlagabbildung: Ullstein Bild/Wolfgang Steche
Bildnachweis: IMAGO/Lindenthaler: 17; IMAGO/UPI Photo: 79, 106; IMAGO/ZUMA Wire: 104; picture alliance/AP | JAMES H. PICKERELL: 136; picture alliance/ASSOCIATED PRESS | DAVID HUME KENNERLY: 97; picture alliance/ASSOCIATED PRESS | Klaus Schlagmann: 162; picture alliance/dpa | UPI: 114; picture alliance/Ringier Bilderdienst: 67
Satz: Daniel Förster
Druck: GGP Media GmbH, Pößneck
Printed in Germany

ISBN Print 978-3-95972-720-4
ISBN E-Book (PDF) 978-3-98609-396-9
ISBN E-Book (EPUB, Mobi) 978-3-98609-397-6

Wir produzieren nachhaltig
www.m-vg.de

Weitere Informationen zum Verlag finden Sie unter

www.finanzbuchverlag.de

Beachten Sie auch unsere weiteren Verlage unter www.m-vg.de.

Inhalt

Vorwort

Am 27.5.2023 ist es so weit: Henry Kissinger wird hundert. Wenn das kein Grund ist, des großen Mannes zu gedenken! Zugleich ist es ein Grund, ein wenig stolz zu sein auf einen Deutschen, der zu den berühmtesten Bewohnern unseres Planeten gehört. Und gleichzeitig Wehmut zu empfinden – Wehmut, weil Henry Kissinger schon lange nicht mehr bei uns in Deutschland lebt. Er ist Amerikaner geworden, nachdem wir ihn vertrieben haben, so wie wir auch Albert Einstein vergrault haben, eine andere Jahrhundertpersönlichkeit deutscher Abstammung.

Einstein und Kissinger verließen ihre Heimat nicht freiwillig, sondern blutenden Herzens. Sie wurden in den finstersten Jahren unserer Geschichte aufgrund ihres jüdischen Glaubens vertrieben, dabei ist es eine Ironie des Schicksals, dass diese so dunklen Jahre zwei veritable Lichtgestalten hervorgebracht haben. Zwei Deutsche, die Überragendes geleistet haben. Zwei Deutsche, die den Nobelpreis erhielten. Zwei Deutsche, mit deren Namen wir uns schmücken können – und davon gibt es ja gar nicht so viele.

Die Bücher und Veröffentlichungen zum Thema Kissinger sind zahlreich und legendär. Es macht kaum Sinn, das politische Wirken Kissingers einer neuerlichen Würdigung zu unterziehen. Mein Ziel ist es vielmehr, den Menschen Kissinger zu beleuchten und zu erkunden, wie sein Leben – privat und beruflich – verlaufen ist. Lernen Sie mit mir auf den folgenden Seiten einen charmanten Weltstar der internationalen Politik kennen, einen nahbaren und faszinierenden Menschen, der die vergangenen hundert Jahre geprägt hat wie kaum ein anderer.

Wie ich Prof. Dr. Kissinger kennenlernte

»Als ich heute im Hotel Bayerischer Hof eincheckte, stand eine junge hübsche Frau neben mir. Sie sah mich lächelnd an und fragte mich: ›Sind Sie Dr. Kissinger?‹ Als ich dies bejahte, fuhr sie fort: ›Ich habe gehört, Sie sind ein faszinierender Mann. Bitte faszinieren Sie mich!‹«

So begann Henry Kissinger seine Rede bei einem traditionellen Abendessen, zu dem ich ihn für den Vorabend der Münchner Sicherheitskonferenz im Februar 1998 eingeladen hatte. Meine hundert Gäste brachen in schallendes Gelächter aus. Wenn es dessen noch bedurfte, so hatte Henry ihre Herzen im Sturm erobert. Da stand er leibhaftig vor ihnen, einer der berühmtesten Männer der Welt, was die Magie des Augenblicks durchaus noch verstärkte: Hier ließ sich ein lebendes Monument der Geschichte nicht nur bestaunen, sondern Henry Kissinger sprach zu ihnen mit einem unvergleichlichen Timbre, einer tiefen, sonoren

Stimme mit breitem fränkischem Akzent. Tatsächlich lässt sich die Klangfärbung schwer beschreiben – man muss sie erlebt haben. Sie hat etwas Warmes und Gewinnendes, sie strahlte eine felsenfeste Überzeugung aus und ist sicherlich eine der Säulen seines Erfolges.

Mein Freund, der republikanische US-Senator John McCain, einer meiner Stammgäste, hatte mich im Vorfeld des Dinners gefragt, ob er seinen Freund Henry Kissinger mitbringen dürfe. Wohl selten war ich einer Bitte so gern nachgekommen wie dieser. Erstmals hatte ich 1982 am Vorabend der Münchner Sicherheitskonferenz ins Restaurant Käfer zum Dinner eingeladen, nachdem ich im Jahr zuvor meinen damaligen Chef, den Bundestagsabgeordneten und späteren Verteidigungsminister und NATO-Generalsekretär Dr. Manfred Wörner, zu der damals noch von ihrem Gründer, Baron Ewald von Kleist, geleiteten Konferenz begleiten durfte. Hier lernte ich besagten John McCain kennen, damals ein Kongressabgeordneter, außerdem traf ich Senator William S. Cohen, den Präsident Clinton 1996 zu seinem Verteidigungsminister berief, sowie den Verbindungsoffizier James L. Jones, den seine Karriere zunächst zum Vier-Sterne-General, dann zum Oberbefehlshaber der Marines und danach zum NATO-Oberbefehlshaber machen und schließlich als Nationalen Sicherheitsberater von Präsident Obama ins Weiße Haus führen sollte.

Die US-Delegation flog seinerzeit am Freitag aus Washington nach München ein und reiste am Sonntagmittag wieder zurück. Das Rahmenprogramm am Freitagabend bestand aus einem Empfang im Alten Rathaus, bei dem den Delegierten ein Glas Frankenwein und als kulinarisches Highlight eine trockene Brezel kredenzt wurden. Diese Art der Gastfreundschaft für hochrangige US-Politgäste, die die Strapaze der Wochenendreise für die Sicherheit auf sich nahmen, war mir in meiner Eigenschaft als deutscher Staatsbürger so peinlich, dass ich meinen neu gewonnenen US-Freunden versprach: »Wenn ihr nächstes Jahr wiederkommt, veranstalte ich für euch ein Essen in Münchens bestem Restaurant.«

Und so war es dann auch. An meinem ersten Käfer-Dinner nahmen am Vorabend der Münchner Sicherheitskonferenz 1983 zwölf Personen teil, sechs Deutsche und sechs Amerikaner, darunter der Kongressabgeordnete John McCain, Senator William S. Cohen, Colonel James L. Jones und Dr. Manfred Wörner. Da die Teilnehmer Gefallen an dem Dinner gefunden hatten, fragten sie mich im folgenden Jahr, ob ich den Abend wieder veranstalten würde, und wenn ja, ob sie zu meinem Dinner noch den einen oder anderen Freund, Senator oder Minister mitbringen könnten. So vergrößerte sich die Zusammenkunft von Jahr zu Jahr, so sehr, dass ich wenig später schon über hundert Gäste begrüßen konnte und Mühe hatte, mich des Ansturms weiterer angesehener Interessenten zu erwehren. Der Abend im Käfer hatte sich zu DEM Dinner der Sicherheitskonferenz entwickelt. Wer etwas galt, musste dabei sein – sowohl von deutscher wie auch von amerikanischer Seite.

1998 war John McCain längst Senator von Arizona geworden. Unsere Freundschaft hatte sich so sehr vertieft, dass er meinem jüngsten Sohn gestattete, ein Jahr in seinem ebenso riesigen wie ehrwürdigen Senatsbüro im Russell Building auf dem Capitol Hill zu arbeiten. Ich hatte deshalb keine Scheu, ihn zu fragen, ob er seinen Freund Kissinger nicht bewegen könne, ein paar Worte zu sprechen. Und siehe da: Es ereignete sich etwas, das niemand der Anwesenden je vergessen wird. Senator John McCain erhob sich und forderte Secretary Henry Kissinger auf, mit ihm gemeinsam zu erzählen, wie er, Kissinger, 1973 versucht hatte, ihn aus seiner nordvietnamesischen Kriegsgefangenschaft zu befreien. Als beide zu erzählen begannen, war es in den Käferstuben so still, dass sich der Fall einer Nadel wohl wie eine Explosion angehört hätte.

Hierzu muss man wissen, dass McCain einem alten amerikanischen Marineadel entspringt. Sowohl sein Vater (John Sidney McCain) als auch sein Großvater waren hohe Marineadmiräle, und John McCain studierte in der Tradition seiner Vorfahren an der Naval Academy Annapolis und wurde in Florida zum Kampfpiloten auf einem Flugzeugträger ausgebildet. Als solcher nahm er am Vietnamkrieg teil und erhielt am 26.10.1967 den Befehl, ein Wasserkraftwerk nahe Hanoi zu bombardieren. Bei diesem Angriff wurde er abgeschossen, landete mit seinem Schleudersitz in einem See und erlitt schwerste Verletzungen (unter anderem brach er sich beide Arme und ein

Bein). Von zwei nordvietnamesischen Fischern wurde er bewusstlos aus dem Wasser gezogen. Anschließend brachten ihn die Vietcong in das berühmt-berüchtigte »Hanoi Hilton« – das Kriegsgefangenengefängnis in Hanoi.

Der Zufall wollte es, dass McCains Vater, der Vier-Sterne-Admiral John Sidney McCain, zu dieser Zeit als Oberbefehlshaber des US-Pazifikkommandos fungierte und damit verantwortlich war für alle US-Streitkräfte im Pazifik, seien es Flugzeugträger, U-Boote oder Zerstörer, einschließlich der in Vietnam kämpfenden Einheiten der Marines. Es dauerte nicht lange, bis dies auch die vietnamesische Spionageabwehr herausgefunden hatte. Als Gefangener galt McCain fortan als kapitaler Braten, von dem man sich detaillierte Informationen über die amerikanische Kriegsplanung erhoffte. Da McCain sich weigerte, sein Wissen preiszugeben, wurde er brutal gefoltert. Als auch dies nichts fruchtete, bot man ihm einen Gefangenenaustausch an, zumal es unter verfeindeten Streitkräften als eine Art Gentlemen's Agreement gilt, dass die Söhne hochrangiger Militärs wechselseitig ausgetauscht werden.

McCain aber lehnte einen Gefangenenaustausch ab. Zum einen weil er beim Eintritt in die Navy geschworen hatte, sich im Falle einer Gefangennahme nicht bevorzugt austauschen zu lassen. Er wollte stattdessen strikt die Reihenfolge beachten: Wer zuerst gefangen genommen wird, wird zuerst ausgetauscht. Und der zuletzt gefangen Genommene kommt zuletzt an die Reihe. Zum anderen weil er den Vietnamesen keine Propagandamunition liefern wollte – denn diese erwarteten, dass vorzeitig ausgetauschte Soldaten zum Dank für ihren Austausch verlogene lobende Worte über ihre Peiniger verlautbaren sollten.

Die Bestrafung für die in den Augen der Vietnamesen unbotmäßige Verweigerung des Austauschs folgte auf dem Fuße: McCain wurde abermals gefoltert und kam für zwei Jahre in Einzelhaft, und zwar tief unter der Erde im fünften Kellergeschoss. Er sollte jahrelang kein Tageslicht mehr sehen.

Gegen Ende des Vietnamkrieges reiste Henry Kissinger, der den Waffenstillstand und Friedensvertrag mit den Nordvietnamesen ausgehandelt hatte, regelmäßig nach Hanoi. Ebenso regelmäßig forderte er von den Vietcong, sie mögen ihm den Gefangenen McCain zur Heimreise aushändigen. Jedes Mal fanden entsprechende Gespräche auch zwischen John McCain und Kissinger statt. Aber McCain blieb standhaft. Sein Ethos erlaubte ihm keine Sonderbehandlung, wie er den fassungslosen Kissinger ein ums andere Mal wissen ließ.

Und so kam es, dass John McCain erst nach Inkrafttreten des Waffenstillstandsabkommens von Paris am 27. Januar 1973 als einer der letzten amerikanischen Kriegsgefangenen nach fünfeinhalbjähriger Haft in die Heimat entlassen wurde. Dort wurde er, auf Krücken gestützt, auf Veranlassung von Henry Kissinger von Präsident Nixon im Weißen Haus empfangen und mit Kriegsauszeichnungen überhäuft.

Trotz dieser Fakten behauptete Donald Trump, der sich im Vietnamkrieg für wehruntauglich befinden ließ, dass gefangen genommene Soldaten seiner Ansicht nach keine Kriegshelden seien. Hierauf verfügte John McCain, der an einem unheilbaren Hirntumor litt, dass Donald Trump unter keinen Umständen an seiner Trauerfeier teilnehmen dürfe. Doch Trump wäre nicht Trump, hätte er nicht den Versuch unternommen, an der Trauerfeier in der Washington National Cathedral am 1. September 2018 doch irgendwie anwesend zu sein. So schickte er seine Tochter Ivanka und seinen Schwiegersohn Jared Kushner, die bei der Trauerfeier direkt vor mir saßen, sowie seinen Vizepräsidenten Mike Pence. Die Trauerfeier fand in Gegenwart von vier Ex-Präsidenten (Bill Clinton, George Bush jr., George Bush sen. und Barack Obama) statt, die – bis auf Bush sen. – auch zu den Trauerrednern gehörten, ebenso wie McCains Tochter Meghan und sein engster politischer Weggefährte Senator Joe Lieberman.

Die alles überragende Rede aber hielt Henry Kissinger, der die Trauergemeinde zu Tränen rührte, ihr aber auch offenes Lachen und Beifall entlockte, als er verschiedene Anekdoten zum Besten gab, die er mit diesem großen Sohn Amerikas erlebt hatte.

Es war ein Staatsbegräbnis allererster Güte, auch wenn es Senator John McCain versagt geblieben war, selbst Präsident der Vereinigten Staaten zu werden. Bei den Wahlen im November 2008 hatte er knapp gegen Barack Obama verloren.

Der Autor Dr. Wolfgang Seybold (li.) und Dr. Henry Kissinger (re.) anlässlich des deutsch-amerikanischen Abendessens am Vorabend der Münchner Sicherheitskonferenz 2000.

Und so lernte ich also *The Honorable Secretary Professor Dr. Dr. h. c. mult. Henry A. Kissinger* (dies ist seine vollständige und korrekte Anrede) kennen. Da ihm der Abend im Kreise meiner Gäste gefallen hatte, nahm Henry Kissinger jedes Mal, wenn er zur Münchner Sicherheitskonferenz kam, an meinem Dinner teil, was noch viermal der Fall war – am 09.02.2001, am 05.02.2010, am 04.02.2012 und am 31.01.2014.[1] Hierbei genoss er es, wenn ich ihn nicht nur neben seine deutsche Verlegerin Liz Mohn setzte, die Patriarchin des Bertelsmann-Konzerns, sondern an seiner anderen Seite zudem eine hübsche Schauspielerin wie zum Beispiel Veronica Ferres oder Uschi Glas platzierte.

Einmal setzte ich die Eislauflegende Katarina Witt an seine Seite, was Henry entzückte, beim Protokoll der Sicherheitskonferenz allerdings massives Stirnrunzeln hervorrief. Wie konnte man eine ehemalige Sportlerin neben einen Staatsmann dieses Kalibers setzen? Mir fiel das Placement aufgrund meiner Kenntnis der Biografie Henry Kissingers nicht schwer, da ich wusste, mit welchen Stars und Starlets er befreundet war. Auch meine übrigen amerikanischen Gäste waren begeistert, da Katarina in Amerika wegen ihrer langjährigen Karriere bei *Holiday on Ice* ein Star ist. Oder waren vielleicht dem einen oder anderen hochrangigen Politiker oder Wirtschaftsboss ihre Fotos in der amerikanischen Ausgabe des *Playboy* mehr in Erinnerung geblieben als ihre Eislaufkünste? Immerhin war der *Playboy* mit ihr auf dem Cover die meistverkaufte Ausgabe aller Zeiten.

Wie ein zartes Pflänzlein entwickelte sich so etwas wie eine Freundschaft zwischen Henry und mir. Er empfing mich wiederholt mit Mandanten von mir in seinem Büro in der Park Avenue in New York, was bei seinem Termindruck eine außerordentliche Ehre war. Oder wir trafen uns bei Liz Mohn in Gütersloh zum Abendessen. Oder wir waren gemeinsam bei meinem Freund, dem NATO-Oberbefehlshaber General James L. Jones, in dessen Residenz in Mons in Belgien zu Gast. Dort traf man sich spätestens um 7:00 Uhr zum Frühstück, und wenn man hinunterkam, saß Henry Kissinger bereits wie aus dem Ei gepellt am Tisch. Er ist ohne jeden Zweifel ein hervorragend gekleideter Mann in feinstem Zwirn mit eiserner Disziplin.

Wolfgang Seybold, Verlegerin Liz Mohn und Henry Kissinger am 05.02.2010 im Restaurant Käfer in München

I.
Kissinger – Die jungen Jahre

»Letztendlich wurden zwei Weltkriege geführt, um ebendas, eine dominante Rolle Deutschlands, zu verhindern.«[2]

Kissingers Jugend in Deutschland

Die Kissingers sind eine seit Jahrhunderten in Franken verwurzelte Familie. Der Urgroßvater von Louis Kissinger, dem Vater von Henry, hieß Mayer Loeb und kam aus Bad Kissingen. Er wirkte dort und im benachbarten Rödelsee als Lehrer. Gemäß dem Judenedikt von 1813 waren Juden gehalten, Familiennamen anzunehmen. Der Allerweltsname Mayer Loeb hielt diesen Kriterien nicht stand. Da er aus Bad Kissingen kam, bedurfte es seitens Mayer Loeb keiner exzeptionellen Fantasie, um sich den Nachnamen Kissinger zuzulegen. Und so geschah es denn auch.

Aus seiner Ehe mit Schönlein David Stahl (ja, so lautet der Name) ging Abraham Kissinger hervor, der sich als erfolgreicher Lehrer und Händler verdingte. Aus seiner Ehe gingen die vier Söhne Joseph, Maier, Simon und David hervor. Eingedenk der Höhen und Tiefen, die er in seinem Unternehmerleben durchlebte, verfügte er, alle seine Söhne mögen Lehrer werden, da dieser Beruf ein sicheres und geregeltes Einkommen gewährleiste.[3]

Die gehorsamen Söhne folgten ihrem Vater und bekleideten in den benachbarten Gemeinden jeweils den Beruf des Judenlehrers, verbunden mit den Diensten eines Hilfsrabbiners. Am 13. Juni 1860 kam in der Gemeinde Ermershausen Henry Kissingers Großvater, David Kissinger, zur

Welt. Auch er bekleidete das Lehramt für Religion und betätigte sich in der kleinen Gebietskörperschaft zudem als Vorsänger. Damals waren von den vierhundertfünfzig Einwohnern Ermershausens etwa hundert jüdischen Glaubens. Das Glück David Kissingers war vollkommen, als er die schöne, aus wohlhabendem Hause stammende Karolina Zeilberger kennen und lieben lernte. Bevor er allerdings um ihre Hand anhalten konnte, musste er in Ermershausen das Bürgerrecht erwerben. Das hätte er niemals tun können, wäre seine Auserwählte nicht die Tochter eines vermögenden Landwirts gewesen, die Anspruch auf eine stattliche Mitgift hatte. So wurde ihm am 13.7.1884 das Bürgerrecht verliehen, und er konnte seine geliebte Karolina heiraten.

Dem Bibelgebot »seid fruchtbar und mehret euch« widmeten die Frischvermählten besondere Aufmerksamkeit und zeugten nicht weniger als sieben Kinder. Darunter als Zweitgeborenen Louis, den Vater von Henry und Walter Kissinger. Der lebensfrohe David Kissinger genoss in Ermershausen hohes Ansehen – was auch Louis nicht verborgen blieb. Er folgte deshalb gern der Bitte seines Vaters, in dessen Fußstapfen zu treten und ebenfalls das Lehramt anzustreben. Allerdings wollte Louis Kissinger nicht »Judenlehrer«, sondern Lehrer im öffentlichen Dienst werden.

Dies gestaltete sich außerordentlich schwierig. Als Louis achtzehn wurde, bewarb er sich erstmals um eine Lehrstelle. Dank exzellenter Schulzeugnisse erhielt er als 20-Jähriger (!) seine erste Lehramtsstelle an der Heberleinschen

Töchterschule, Fürths erster privater höherer Mädchenschule mit etwa fünfzig Prozent jüdischen und fünfzig Prozent christlichen Schülerinnen. Als diese Schule schließen musste, wurde Louis Kissinger 1909 in die private Heckmannschule für Jungen übernommen, wo er ein Jahresgehalt von tausend Reichsmark bezog. Dort unterrichtete er bis 1919 Religion, Deutsch und Mathematik.

Allerdings genügte die Lehrtätigkeit an einer Privatschule den Ambitionen von Louis Kissinger nicht. Er strebte in den wesentlich besser dotierten Staatsdienst, der ihm ein Studium an der Universität Erlangen abverlangte, das er schon deshalb gern auf sich nahm, weil ihm auf diese Weise der Dienst an der Waffe im Ersten Weltkrieg erspart blieb.

Im Schuljahr 1919/20 war Louis Kissinger am Ziel seiner Träume angelangt: Er wurde Lehrer für Rechnen im öffentlichen Dienst. An der städtischen höheren Mädchenschule in Fürth unterrichtete er Realien und Deutsch, zunächst auf Probe, ab dem 3. März 1920 fest und ab 1921 sogar als Hauptlehrer. Bald verspassten seine Schülerinnen dem beliebten Lehrer den Spitznamen »Kissus«, und manche schwärmten sogar von ihm, da er nicht nur gerecht, sondern auch attraktiv war. Welche Bedeutung dem Kosenamen »Kissus« letztendlich zukam – war es eine Ableitung aus dem amerikanischen *kiss* oder entsprang es der Ähnlichkeit mit dem deutschen *Kuss* –, wir werden es nicht mehr erfahren, da es keine Zeitzeuginnen mehr gibt, die sich dazu äußern könnten.

Louis Kissinger war nun Mitte dreißig und ein gemachter Mann. Nur eines fehlte ihm noch zum perfekten Glück: die Frau, mit der er eine Familie gründen konnte. Und siehe da: Auch hier half ihm sein Traumberuf. Über einen Kollegen lernte er Paula Stern kennen, die am 24. Februar 1901 in Leutershausen als einzige Tochter des Ehepaars Falk und Peppi Stern geboren wurde. Falk Stern war ein wohlhabender, erfolgreicher Viehhändler, der bereits im Jahre 1904, zusammen mit seinem Bruder, den herrschaftlichen Hof »Am Markt 8« in Leutershausen erworben hatte. Das Haus Stern war gesellig und weltoffen, was auch Falk Sterns Umgang mit zahlreichen nichtjüdischen Kunden bedingte. So etwas wie Judenfeindlichkeit war im Hause Stern gänzlich unbekannt.[4]

Erstmals machte Paula Stern mit der Stadt Fürth Bekanntschaft, als sie im Alter von zwölf Jahren aufs dortige Gymnasium geschickt wurde, da es in Leutershausen keine weiterführende Schule gab. Weil Leutershausen etwa achtzig Kilometer von Fürth entfernt lag, zog Paula bei ihrer Tante Berta Fleischmann in Fürth ein. Ihr Vater Falk wurde 1915 in den Ersten Weltkrieg als Soldat nach Belgien eingezogen, obwohl er zu diesem Zeitpunkt bereits fünfundvierzig Jahre alt war. Für Paula Stern, Henry Kissingers Mutter, markierte die Einberufung den Beginn des Antisemitismus in Deutschland, obwohl Falk Stern bereits nach einem Jahr an der Front 1916 wieder nach Hause durfte. Allerdings nicht mehr rechtzeitig, um den brutalsten Schicksalsschlag seines Lebens mitzuerleben: Den viel zu frühen

Tod seiner Frau Peppi im Alter von nur zweiundvierzig Jahren am 4. Juli 1915, nur wenige Wochen nach seiner Einberufung.

Paula Stern war damals gerade vierzehn Jahre alt und vom Verlust ihrer geliebten Mutter schwer getroffen. Da ihr Vater Falk Stern noch immer beim Militär war, beschlossen er und seine Tochter, diese möge ihre Gymnasialzeit in Fürth fortsetzen und weiter bei Tante Berta und Onkel Sigmund wohnen, die eine koschere Fleischerei betrieben.

Als Falk Stern Mitte Mai 1916 nach Hause zurückkehrte, entschloss sich Paula, ihren Vater nicht allein zu lassen. Sie quittierte das Gymnasium in Fürth und widmete sich vollkommen dem väterlichen Haushalt in Leutershausen – bis Falk Stern im April 1918 ein weiteres Mal heiratete. Die neue Frau an der Seite ihres Vaters übernahm den Haushalt, während Paula für eine Stelle als Au-pair-Mädchen in einem reichen norddeutschen Haushalt zusagte und anschließend ihre Schulbildung in Fürth abschloss.[5]

Diese Entscheidung führte zum Glück ihres Lebens: Über einen ihrer ehemaligen Lehrer lernte sie Louis Kissinger kennen, der damals schon vierunddreißig war. Sie hingegen war erst zwanzig, also vierzehn Jahre jünger. Am 28. Juli 1922 schlossen sie in voller Überzeugung, dass dies ihr Schicksal sei, den Bund der Ehe, obwohl im Jahr 1922 die Bäume wahrlich nicht in den Himmel wuchsen. Die Inflation galoppierte in ungeahnte Höhen, die Ersparnisse wurden pulverisiert, das Geld war meist nicht das Papier wert, auf dem es gedruckt wurde.

Doch die praktisch veranlagte Paula managte das Überleben. Glücklicherweise erhielt Louis Kissinger im September 1924 seine Beförderung zum Oberlehrer, was mit einer erklecklichen Gehaltserhöhung verbunden war. Zudem wurde Ende 1923 die Rentenmark eingeführt, was zu einer wirtschaftlichen Erholung führte.

Paula und Louis konnten sich nun eine größere Wohnung leisten. Im Januar 1925 zogen sie um in die Marienstraße 5 in Fürth. Dies war auch dringend notwendig, da sie mittlerweile Eltern geworden waren – Eltern des Mannes, um den es in diesem Buch gehen soll: Heinz Alfred Kissinger. Es war 5:30 Uhr am 27. Mai 1923, als Heinz (später in den USA: Henry) die ersten Töne von sich gab. Es war eine Hausgeburt in der Mathildenstraße mit Unterstützung einer Hebamme. Die Mathildenstraße lag in dem Viertel Fürths, das hauptsächlich von etwa dreitausend orthodoxen Juden bewohnt wurde.

Nun wissen wir: Henry Kissinger stammt aus einer alteingesessenen, tiefreligiösen fränkischen Familie orthodoxer Juden. Der Vater war Lehrer, die Mutter entstammte einer Unternehmerfamilie. Er wuchs mit einem Bruder auf, Walter, der ein Jahr nach ihm am 21. Juli 1924 geboren wurde. Die Familie war durch und durch bürgerlich. Der musikalische Louis legte Wert darauf, dass seine beiden Söhne Klavierunterricht erhielten und regelmäßig im Nürnberger Opernhaus in die Welt der großen Musik eintauchten. Die Kissingers waren brave deutsche Staatsbürger. Ihre Vorfahren hatten im Ersten Weltkrieg für Deutschland gekämpft.

Henry und Walter besuchen die Realschule. Als Schüler waren sie nur Mittelmaß – vom Fach Religion einmal abgesehen. Hier brachten sie es auf eine glatte Eins. Henry entpuppte sich schon früh als Leseratte. Er verschlang die deutschen Klassiker von Goethe über Schiller bis Heinrich Heine. Aber auch der Fußballsport hatte es ihm angetan. Er brachte es bis in die Schülermannschaft der Spielvereinigung Fürth, der er zeitlebens eng verbunden bleiben sollte.

Die Ferien verbrachte die Kissinger-Familie in der Regel im Geburtsort der Mutter Paula, in Leutershausen, auf dem prächtigen Hof ihrer Eltern. Regelmäßig holte sie dort der Großvater mit seiner Pferdekutsche vom Bahnhof ab. Hier wurden Heinz und Walter nicht nur verwöhnt, hier konnten sie sich richtig austoben. Sie hatten viele Freunde im Ort, insbesondere die Kinder von Paulas Jugendfreundin, Erika und Lore Hezner. Besuche bei den Großeltern väterlicherseits in Ermershausen hingegen waren selten.

Die Familie Kissinger hatte einen großen Freundeskreis, in dem Heinz und Walter behütet aufwuchsen – bis dieser Freundeskreis allmählich zu bröckeln begann, weil Hitler 1933 die Macht übernahm und die Weimarer Republik in Nazideutschland verwandelte. Der Umbau erfolgte konsequent, Schritt für Schritt, wie in der Hitler-Bibel *Mein Kampf* angekündigt. Bald durfte nur noch deutscher Volksgenosse sein, wer »deutschen Blutes« war. Und »deutschen Blutes« waren Juden nach dieser Definition auch dann nicht, wenn sie seit Generationen in Deutschland lebten und im Krieg für Deutschland gekämpft hatten.

Bereits kurz nach ihrer Machtergreifung, am 7. April 1933, wurde das Gesetz zur Wiederherstellung des Berufsbeamtentums erlassen. Aufgrund dieses Gesetzes wurden öffentliche Bildungseinrichtungen für Juden geschlossen. Zur endgültigen Eskalation kam die Judenverfolgung durch die Rassengesetze, die im September 1935 auf dem Nürnberger Reichsparteitag verkündet wurden. Unglücklicherweise war Nürnberg mit dem berüchtigten Gauleiter Julius Streicher eine der Hochburgen im Nazireich. Zudem war Streicher Herausgeber des Nazi-Schandblatts *Der Stürmer.*

Die Nürnberger Gesetze hatten unter anderem zur Folge, dass die in Deutschland lebenden Juden das Wahlrecht verloren. Zudem wurde die Eheschließung mit »Staatsangehörigen deutschen oder artverwandten Bluts« verboten, ebenso wie »außerehelicher Verkehr« mit denselben (im »Gesetz zum Schutz deutschen Blutes und deutscher Ehre«). Trotz dieser alarmierenden Gesetze verließen Deutschland im Jahr 1935 weniger Juden als in den Jahren davor. Noch überwog die Hoffnung, es werde »schon nicht so weit kommen«.

Die Kissingers litten bereits seit 1933 an massiven Einschränkungen. Durch das Gesetz zur Wiederherstellung des Berufsbeamtentums wurde Louis Kissinger am 2. Mai 1933 im Alter von nur sechsundvierzig Jahren zwangsbeurlaubt. Er wurde in den »dauernden Ruhestand« versetzt. Louis Kissinger empfand das Berufsverbot als kaum zu ertragende Schmach. Hinzu kam, dass seine Kollegen sowie der nichtjüdische Freundeskreis nach und nach von ihm und seiner Familie abrückten. Immerhin wurden ihm seine Pensionsansprüche ausbezahlt. Und immerhin durfte er jene Kinder unterrichten, denen der normale Unterricht unter den Nazis nicht erlaubt war.

Auch Heinz und Walter durften kein Gymnasium mehr besuchen. Sie mussten sich mit der Realschule begnügen, die sie allerdings unterforderte. An den meisten öffentlichen Veranstaltungen durften sie nicht mehr teilnehmen, nicht einmal die Fußballspiele des geliebten Fürther Fußballvereins durften sie noch besuchen. Heinz tat es häufig dennoch, wofür er dann regelmäßig eine Tracht Prügel kassierte. Und obwohl sie sich an die ständigen Züchtigungen durch die Mitglieder der Hitlerjugend bald gewöhnt hatten, trafen sie andere Diskriminierungen hart: Sogar das Baden im Leutershauser Flussbad wurde ihnen untersagt.[6]

Bei der Machtübernahme der Nazis im Jahr 1933 waren Heinz und Walter nicht einmal zehn respektive neun Jahre alt. Gleichwohl spürten sie physisch und psychisch, wie bedrückend das Leben in Deutschland für sie geworden war. Louis Kissinger dachte noch immer nicht daran, das Land zu verlassen, obwohl ihm Karl Hezner, der arische Freund aus Leutershausen, schon früh dazu geraten hatte. Und wäre seine Frau Paula nicht gewesen, Louis Kissinger wäre wohl in Fürth geblieben – und Henry Kissinger, den Harvard-Professor, Nationalen Sicherheitsberater, Außenminister der Vereinigten Staaten und Friedensnobelpreisträger hätte es so wenig gegeben wie die zahlreichen Bücher, die von ihm und über ihn geschrieben wurden. Henry, seine Eltern und sein Bruder wären in einem der vielen Konzentrationslager der Nazis verendet – so wie seine Großeltern mütterlicherseits, die ihren Hof in Leutershausen leider nicht verließen. Oder besser gesagt: nicht verlassen konnten, denn Paula Kissingers Vater, Falk Stern, war an Krebs erkrankt.

In dieser Zeit der schlimmsten Not entsann sich Paula Kissinger einer Cousine, Sarah Ascher, die sie zwar nie gesehen hatte, die aber in den USA lebte. Sie schrieb ihr, ob sie bereit sei, Heinz und Walter aufzunehmen. Die Situation der beiden in Nazideutschland sei lebensbedrohend. Sarah reagierte prompt. Sie sei zwar nicht bereit, die beiden Söhne aufzunehmen, aber sie werde alles daransetzen, die gesamte Kissinger-Familie nach Amerika zu holen. Unverzüglich machte sie sich an die Arbeit und unterzeichnete am 28. Oktober 1937 eine eidesstattliche Versicherung, wonach sie die Familie Louis Kissinger bei einer Einreise in die USA so weit finanziell unterstützen werde, dass diese dem amerikanischen Staat keinesfalls zur Last fallen würde. Dies war die Voraussetzung für eine Emigration der Familie Kissinger in die USA.

Nun konnte Paula Kissinger, die inzwischen die Führung der Familie übernommen hatte, die Reisepässe für ihren Mann und die Kinder beantragen. Der Ausreiseantrag wurde bewilligt, und im August 1938 war es so weit: Die Verabschiedung von den zurückbleibenden Verwandten stand an. Am schwersten fiel das Abschiednehmen in

Leutershausen, bei Paulas krebskrankem Vater. Hier fiel der sonst so disziplinierte Louis Kissinger vollkommen in sich zusammen, schluchzte hemmungslos. Es war der schmerzlichste Augenblick seines Lebens. Er musste im Alter von einundfünfzig Jahren alles zurücklassen, was ihm lieb und teuer war: seine Verwandten, seine Freunde, seine Heimat, seinen Lehrerberuf und auch die wunderbare Familie Hezner, die ohne Wenn und Aber zu ihnen gehalten hatte. Louis Kissinger sah nichts als Leere vor sich, eine Wand aus Nebel, eine unendliche Reihe von Fragezeichen ohne Antwort, ein schwarzes Loch. Heinz und Walter würde die Erinnerung an diesen Abschied ein Leben lang nicht loslassen. Er sollte ein Trauma bleiben.

Am 20. August 1938 reisten die Kissingers erst einmal nach London. Dort kamen sie für ein paar Tage bei den Fleischmanns unter, den Verwandten, bei denen Paula Kissinger als Gymnasiastin in Fürth gewohnt hatte. Die Fleischmanns hatten früher als die Kissingers die Zeichen der Zeit erkannt und waren nach London emigriert. Von dort schließlich ging für sie alle ein Schiff: die *Ile de France* über Le Havre nach New York.[7]

Retrospektiv betrachtet ist es ein Wunder, dass die Familie Kissinger 1938 noch relativ problemlos auswandern durfte – nur drei Monate vor der Reichspogromnacht am 9. November 1938. Dass der Familie später sogar ein Großteil ihrer Möbel nach New York nachgeschickt wurde, grenzt ebenso an ein Wunder wie die Tatsache, dass Louis Kissinger auch in Amerika bis zu seinem Tod seine Lehrerrente pünktlich ausbezahlt bekam. Und das sogar während des Zweiten Weltkriegs! Seine Frau Paula erhielt nach seinem Tod vom deutschen Staat eine Witwenrente – deutsche Gründlichkeit eben.

Drei der Schwestern von Louis Kissinger wurden nach Izbica deportiert und starben in den Gaskammern von Sobibor und Belzec. Ein nicht weniger erbarmungsloses Schicksal ereilte viele Mitglieder der Familie Stern.

Der Anfang in Amerika

In New York City fanden die Kissingers eine bescheidene Wohnung mit immerhin drei Schlafzimmern in der Fort Washington Avenue, Ecke 187ste Straße. Gegenüber auf der anderen Straßenseite wohnte Paula Kissingers Cousin, andere Freunde und Bekannte aus Fürth und Nürnberg wohnten ebenfalls unter den Hunderten neuen jüdischen Immigranten in der Umgebung. Dies erleichterte den Kissingers die Eingewöhnung in die neue Welt. Man half sich gegenseitig, half sich auch sprachlich aus, wann immer es mit dem Englischen noch nicht reichte.

Obwohl Louis Kissinger die Sprache durchaus konnte – die ganze Familie hatte sich auf das neue Land monatelang vorbereitet –, hatte er Hemmungen, sich im Englischen zu artikulieren. Seine Angst, grammatische Fehler zu begehen, war übergroß. So schwieg er meist, während Paula und seine Kinder munter drauflosplauderten. Lieber mal was Falsches sagen als gar nichts – so lautete ihr Motto, und entsprechend schnell assimilierten sie sich in der neuen Sprachwelt. Während Walter bald ein akzentfreies Amerikanisch sprach, behielt Henry seinen breiten fränkischen Akzent bei. Dies bedeutete aber nicht, dass sein Englisch nicht ebenso virtuos wurde wie das seines Bruders. Da Henry seine Angewohnheit, stets mit einem Buch unter dem Arm herumzulaufen, mit in die neue Welt genommen hatte, war sein englischer Sprachschatz bald ungewöhnlich groß. Die fränkische Sprachfärbung behielt er bei, da ihm diese einerseits gefiel und er außerdem zu bequem war, sie sich abzutrainieren. Und weil sein Vorname Heinz im Englischen unaussprechbar war, wurde er kurzerhand in Henry umgetauft.

Leider gab es für Louis Kissingers Berufskenntnisse als Lehrer in Manhattan keine Verwendung, was auch an seinen nicht ausreichenden Sprachkenntnissen gelegen haben mag. Es bedrückte ihn, immerhin erst Anfang fünfzig, dass er keine Arbeit fand. Hinzu kam eine schwere Krankheit, die man zunächst als Krebs fehldeutete, die sich dann aber als eine heilbare Gallenblasenerkrankung entpuppte. Eine Erbschaft von Falk Stern, dem Vater von Paula Kissinger, der bald nach der Abreise seiner Tochter verstorben war, half der Familie über die schwere Zeit nach ihrer Ankunft. Verwunderlich ist, dass die Nazis auch diese Erbschaft nicht konfiszierten.

Nach seiner Rekonvaleszenz ergatterte Louis Kissinger endlich einen – wie man heute sagen würde – Niedriglohnjob als Buchhalter in der Fabrik eines befreundeten deutschen Auswanderers, der sich selbstständig gemacht hatte. Da Louis' Einkommen nicht ausreichte, um die Familie zu ernähren, begab sich Paula Stern auf Jobsuche und wurde bei einem Caterer fündig, der Hochzeiten und Bar-Mizwas ausrichtete. Nachdem sie sich bei dieser Arbeit bald das nötige Know-how angeeignet hatte, machte sie sich, gänzlich unbekümmert, selbstständig. Ihr freundliches, humorvolles Wesen, verbunden mit ihrer großen Geschicklichkeit, bescherte ihr bald eine dankbare, sich stetig vermehrende Kundschaft. Selbst als ihr Sohn Henry bereits der berühmte US-Außenminister war, wurde Paula Stern noch von Altkunden gefragt, ob sie nicht bei einer Familienfeier das Catering ausrichten könne.

Bereits einen Monat nach ihrer Ankunft in New York wurden Henry und Walter Kissinger im September 1938 in der George Washington High School eingeschult. Die Schule hatte exzellente Lehrer, die sich um die bildungshungrigen jüdischen und nichtjüdischen Flüchtlingskinder kümmerten. In seinem ersten Jahr an der George Washington High School hatte Henry Kissinger mit seinem sprachlichen Handicap in Englisch immerhin eine 70 von 100, im zweiten Jahr bereits eine 90 von 100. Noch bessere Noten erzielte er in Französisch, Mathematik, amerikanischer und europäischer Geschichte, Wirtschaft und Buchhaltung. Nur in Industrie und Handel reichte es bloß zu einer immer noch beachtlichen 85. »Er war das ernsthafteste und reifste Flüchtlingskind«, sagte später seine

Mathelehrerin Anne Sindeband. Religiös gehörten die Kissingers zu der K'hal-Adath-Jeshurun-Gemeinde, die im Jahr ihrer Ankunft in New York gegründet und von einem aus Frankfurt emigrierten Rabbi geleitet wurde. Henry begleitete seine Eltern mit seinem Gebetsschal regelmäßig in die Synagoge. Seiner Mutter fiel sehr wohl auf, dass er die Synagoge mehr aus Ehrfurcht für seinen Vater als aus Treue zu seinem Glauben besuchte. Und tatsächlich entfernte sich Henry Kissinger bald von seinem orthodoxen Glaubenserbe, indem er sich einer Jugendgruppe namens Beth Hillel anschloss. Diese bestand überwiegend aus bayerischen Flüchtlingen und gehörte dem liberalen Judentum an.[8]

Ein Schulkamerad von Henry aus Fürth, Henry Glittermann, war Präsident von Beth Hillel. Obwohl alle in der Gruppe den gleichen Hintergrund hatten, sprachen sie Englisch und nicht Deutsch miteinander. Henrys beste Freunde in dieser Zeit waren John Sachs und Walter Oppenheim, sein ehemaliger Banknachbar aus der Realschule in Fürth. Beide Familien, die Kissingers und die Oppenheims, waren im Herbst 1938 aus Europa geflohen und wohnten nun in Washington Heights nebeneinander. Henry war oft bei den Oppenheims zu Gast und debattierte leidenschaftlich mit Walters Vater, der ein glühender Anhänger des demokratischen Präsidenten Roosevelt war. Henry hingegen begeisterte sich für Wendell Willkie, der als republikanischer Kandidat die Wahl 1940 gegen Roosevelt verloren hatte.

So wuchs der pubertierende Henry in dem noch immer fremden Land heran. Er wurde von seinen Mitschülern respektiert, aber er blieb zurückhaltend, schüchtern und auf dem gesellschaftlichen Parkett recht unsicher. Dies hatte, so glaubte sein Bruder Walter, auch damit zu tun, dass Henrys Vater »keine Karriere«[9] hatte, wie es die Amerikaner ausdrückten. Das soziale Ansehen der Familie Kissinger war nicht allzu groß, und das war in Fürth noch anders gewesen – wie so vieles.

Mit seiner Clique aus der Jugendgruppe besuchte Henry auch einen Tanzkurs. Man tritt Henry Kissinger nicht zu nahe, wenn man ihm nicht unterstellt, er sei der Tanzlehrer von John Travolta gewesen. Das Tanzen war wohl weniger sein Ding, wie ein Foto aus dem Jahr 1941 aus der Audubon Hall in Washington Heights belegt. Dort hat er sich ungelenk in die letzte Reihe der Tanzklasse verdrückt.

Unter den Mädchen im Tanzkurs war auch Annelise Fleischer, ein Flüchtlingskind aus Nürnberg, deren Vater ein erfolgreicher Schuhhändler war, bevor ihn die Nazis zwangen, sein Schuhgeschäft weit unter Wert abzugeben und zu fliehen. Sie hatte dunkle Haare und eine Figur wie Lana Turner. Sie wurde als nett, aber nicht gerade überschwänglich bezeichnet, als tiefgründig, aber distanziert. All dies hätte man damals auch über Henry sagen können. Annelises Interessen waren Literatur und Musik, sie schrieb Gedichte und spielte Cello. Zudem schneiderten sie und ihre Schwester ihre eigenen Kleider, sie arbeiteten als Babysitter bei den Nachbarn und pflegten ihren von den Nazis gebrochenen Vater, der zu allem Überfluss noch einen Schlaganfall erlitten hatte. Es war also offensichtlich, dass »Ann« auch eine gute Hausfrau sein würde.

Die beiden begannen, sich zu treffen, und wurden allmählich ein Liebespaar. Auch wenn Ann Fleischer keine orthodoxe Jüdin war und nicht koscher aß, war den Eltern Kissinger die Verbindung angenehm, zumal Henry in ihrer Gegenwart endlich auftaute und seine Schüchternheit weitgehend ablegte. Ann ging anfangs sowohl mit Henry als auch mit dessen Freund Walter Oppenheim aus, der fraglos besser angezogen war. Aber eines Tages traf sie ihre Entscheidung: Sie schrieb Oppenheim einen freundlichen Brief, dass sie sich für Henry entschieden habe und nunmehr nur noch mit Henry ausgehen wolle. Trotzdem blieb die Freundesclique unverändert beisammen.

Sieht man einmal von dem Fürther Akzent ab, den Henry stur beibehielt, assimilierte er sich in seinem neuen Heimatland deutlich schneller als seine Freunde und Freundinnen. Selbst als diese beruflich erfolgreich wurden, kehrten sie ihr kulturelles Erbe deutlich hervor. Anders Henry: Er brach mit seinen kulturellen Wurzeln. Er wollte Amerikaner sein und nichts anderes, und er verhielt sich entsprechend.

»Ob ich mich schneller assimilierte«, gab Kissinger später einmal zum Besten, »vielleicht lag es daran, dass ich mit sechzehn schon arbeiten musste. Das machte mich wahrscheinlich unabhängiger.«[10] Da es im Hause Kissinger finanziell noch immer nicht gerade rosig aussah, verschafften die Eltern ihrem Henry einen Job in einer Bürstenfabrik, die Vettern von Paula gehörte. Dies führte dazu, dass Henry nach Abschluss des ersten Schuljahres an der George Washington High School in den Nachtunterricht wechselte, denn tagsüber musste er arbeiten, erst in der Produktion, später im Lieferdienst und schließlich im Versand. Er begann mit einem Lohn von elf Dollar die Woche und arbeitete sich bis auf dreißig Dollar die Woche hoch. »Er schien mit seinen Gedanken oft abwesend zu sein«, erinnerte sich sein ehemaliger Chef. »Wenn es irgendwie möglich war, lernte er nebenbei für die Schule oder zog ein Buch hervor.«[11]

Nach Abschluss der George Washington High hatte Kissinger wegen seiner guten Noten keine Mühe, am City College von New York angenommen zu werden. Diese 1847 gegründete Hochschule hatte 1940 vierzigtausend Studenten, drei Viertel davon waren Juden. Für Immigranten war es *die* Universität, um eine erfolgreiche Karriere in der neuen Heimat zu beginnen.

Henry rauschte am City College buchstäblich durch die Klassen, obwohl er tagsüber noch immer in der Bürstenfabrik arbeitete. Mit Ausnahme einer Zwei in Geschichte hatte er in allen Fächern eine Eins. Was er einmal beruflich anfangen würde, hatte er damals noch nicht entschieden. Er erwog, es in der Buchhaltung zu versuchen, da sein Vater inzwischen in diesem Metier gelandet war. »Immerhin ein solider Broterwerb«, sinnierte er. »Buchhalter werden immer gebraucht.«[12]

Bevor er diesen Gedanken zu Ende denken konnte, erhielt er kurz nach seinem neunzehnten Geburtstag den Einberufungsbefehl der US-Armee, was ihn auf völlig andere Gedanken brachte. Nach einer Abschiedsparty, die er in einem Restaurant am Times Square gab, verließ er New York im Februar 1943 mit der Bahn nach Spartanburg, South Carolina.

In der US-Armee

Der Militärdienst markierte eine große Zäsur in Kissingers Leben. Zum ersten Mal war er getrennt von seiner Familie. Und zum ersten Mal war er nicht mehr eingebettet in eine deutsch-jüdische Gemeinschaft. Es hieß stattdessen nun strammstehen, die Pobacken zusammenkneifen und Schnauze halten. Auch das musste erst mal gelernt sein, wie er seinem Bruder schrieb: »Halte die Augen und Ohren offen, aber den Mund geschlossen.«[13] Henry wurde einer Infanteriedivision zugeteilt, die überwiegend aus Rekruten aus Illinois, Wisconsin und Indiana bestand. Er mochte diese Typen – zum ersten Mal in seinem Leben fühlte er sich ganz wie ein Amerikaner.

Dieses Gefühl sollte sich noch verstärken, als er an einem sonnigen Tag im März 1943 in einer feierlichen Zeremonie eingebürgert wurde. Jetzt war er offiziell Amerikaner, kein Flüchtling mehr – wie ihm sein amerikanischer Pass bewies, den er fein säuberlich in der Nachttischschublade aufbewahrte. Er war stolz, auf der richtigen Seite der Geschichte zu stehen, schließlich kämpften die Amerikaner gegen die Nazis, die seinem Bruder, seinen Eltern, seinen jüdischen Freunden und ihm selbst so viel Leid angetan hatten. Er war stolz, einem so großen und mächtigen Land anzugehören, einem Land, das sie mit offenen Armen aufgenommen hatte und ihnen Schutz bot. Seinem Bruder Walter, der ebenfalls bald seinen Einberufungsbescheid erwartete, schrieb er im Bann dieser Gefühle: »Wir sind nicht immer gut miteinander ausgekommen. Aber wenn wir in Schwierigkeiten waren, haben wir immer zusammengehalten. Und nun sind wir in Schwierigkeiten.«[14]

Da er die Augen und Ohren stets aufhielt, blieb Kissinger nicht verborgen, dass es bei der Army ein spezielles Trainingsprogramm gab, zu dem in ganz Amerika nur etwa einhunderttausend der Jahrgangsbesten eingeladen wurden. Da Henry sämtliche Tests mit Bravour bestanden hatte, erhielt er das privilegierte Ingenieursstipendium am Lafayette College in Pennsylvania, nicht einmal hundert Meilen von New York entfernt. Dieses Studium entfachte in ihm eine Art der Besessenheit in der Aneignung von Wissen, die geradezu faustische Dimensionen annahm: »dass ich erkenne, was die Welt im Innersten zusammenhält«. Schwer zu sagen, ob ihm diese Obsession des Bücherverschlingens antijüdische Vorurteile bescherte. Jedenfalls gab es auch in den USA diese Ressentiments, mit denen der Jude Kissinger leben musste. Seine Methode, damit umzugehen, bestand darin, die Anwürfe einfach zu ignorieren.

An den Wochenenden fuhr Henry oft per Anhalter nach Hause und machte seinem Vater die große Freude, mit ihm die Synagoge zu besuchen. Dies war für ihn jedoch weniger ein religiöses Bedürfnis als ein Zugeständnis an seinen so sehr verehrten Vater.

Als im Jahr 1944 schließlich die Invasion in der Normandie näher rückte, gelangte die oberste Heeresleitung zu der Auffassung, die Lafayette-Studenten seien an der Front wichtiger als an der Universität. Das Studienprogramm wurde kurzerhand aufgehoben. Es verblieb nur noch eine Möglichkeit, dem Fronteinsatz zu entgehen: Als Armeearzt. Und um ein solcher zu werden, musste man der Beste des gesamten Jahrgangs werden. Henry schaffte es bis ins Finale, wo er aus unerfindlichen Gründen dann patzte. Der Sieger des Wettbewerbs meinte, unter den fünf Finalisten sei Henry der einzige Jude gewesen – was eine Rolle gespielt haben mag oder nicht. Jedenfalls wurde Henry am Tag nach der Prüfung zusammen mit fast dreitausend Studienkollegen nach Louisiana ins Camp Claiborne verschickt. Dort wurde er den siebzehntausend Soldaten des 84. Infanterieregiments zugeteilt.

Die Ausbildung in Camp Claiborne war so hart, dass Henry zum ersten Mal in seinem Leben von Heimweh überwältigt wurde. Er schrieb seiner Mutter: »Mami, ich möchte auf Händen hier rauslaufen und zu dir robben.«[15]

Eine schicksalhafte Begegnung

Gerade war Henry mit seinem Regiment erschöpft von einem 10-Meilen-Marsch zurückgekehrt. Alle hatten sich auf dem Rasenboden des Schießstandes niedergelassen, als ein Jeep angerast kam, aus dem ein etwa 35-jähriger Gefreiter sprang und mit deutschem Akzent rief: »Wer ist hier der Kommandeur?« Der kommandierende Leutnant trat hervor. Im Ton eines preußischen Generalfeldmarschalls herrschte der Gefreite den Leutnant an: »Sir, Ihr kommandierender General hat mich gesandt. Ich soll Ihnen erklären, warum Sie in diesem Krieg sind!«[16]

Und schon begann der Gefreite namens Kraemer mit einer flammenden Rede gegen Hitler und das verbrecherische Nazideutschland. Es war eine mitreißende, demagogische Rede, voller Leidenschaft und mit deutschem Akzent vorgetragen, selbst der noch etwas verschlafene Henry richtete sich auf und hörte aufmerksam zu. Und dann tat er etwas für ihn gänzlich Ungewöhnliches: Er schrieb Kraemer eine Notiz, in der er ihm beipflichtete und fragte, ob er ihm in irgendeiner Weise behilflich sein könne.

Dr. Fritz Kraemer, Jahrgang 1908, war der Sohn eines preußischen Staatsanwalts und einer äußerst vermögenden Mutter, die einer Chemiefabrikantenfamilie entstammte. Die Familie bewohnte eine Villa mit fünfunddreißig

Zimmern in Wiesbaden. Beide Eltern waren entschiedene Nazigegner, Sie scheuten sich selbst nach Hitlers Machtergreifung nicht, ein Waisenhaus für jüdische Kinder zu eröffnen.

Fritz verbrachte fast sein ganzes Leben im Ausland. Er ging in England zur Schule, studierte an der renommierten London School of Economics, promovierte an der Frankfurter Goethe-Universität, um dann für die Vereinten Nationen in Rom zu arbeiten. Mit Ausbruch des Krieges emigrierte er in die Vereinigten Staaten und diente sich dort der US-Armee an, um gegen Hitler-Deutschland zu kämpfen.

Die US-Armee wusste anfangs nicht so recht, was sie mit diesem Kraemer anfangen sollte. Bis General Bolling, der Oberkommandierende der 84. Infanteriedivision und Henrys oberster Vorgesetzter, Gefallen an ihm fand und ihm eine nützliche Verwendung in seinem Bataillon verschaffte.

Als Kraemer die Notiz von Henry gelesen hatte, setzte er sich unverzüglich wieder in seinen Jeep, fuhr zu Kissingers Regiment und ließ ihn vortreten. Sie unterhielten sich zwanzig Minuten, aber das genügte, um eine Freundschaft fürs Leben zu begründen. Die beiden Männer waren voneinander fasziniert. Als Kraemer zu General Bolling zurückkam, erzählte er ihm beeindruckt von diesem »kleinen jüdischen Flüchtling«, der die aktuelle Geschichte »vollkommen verinnerlicht hat«.[17]

Die Bedeutung der Begegnung von Kraemer und Kissinger kann für Henrys späteren Lebensweg nicht hoch genug eingeschätzt werden. Wir wissen nicht, wie Henrys Karriere ohne die Hilfe von Kraemer verlaufen wäre. Aber wir werden erfahren, welche Weichenstellungen Kraemer für Kissinger in den nächsten Jahren vornahm.

Zunächst verhalf er ihm zum Ausstieg aus der Infanterie und zu einem angenehmen Job als Übersetzer für General Bolling. Dann verhalf er ihm dazu, Kommandant in verschiedenen in Deutschland eroberten Ortschaften zu werden. Und schließlich ebnete er ihm den Weg zur Gegenspionage und Spionageabwehr in der US-Armee.

Oft wurde Kraemer als der Mann beschrieben, der Henry Kissinger entdeckt habe. Selbst rückte er das bescheiden zurecht: »Ich bin der Mann, der Kissinger dazu brachte, sich selbst zu entdecken.« Und: »Ich bin der Mann, den Kissinger oft wie einen Schwamm ausgequetscht hat.«[18] Kraemer war es, der Kissinger dazu brachte, in die deutsche Philosophie einzudringen. Er schenkte ihm Bücher von Kant, Hegel, Schleiermacher, Nietzsche, Oswald Spengler. Und Henry las diese Bücher nicht nur, sondern prägte sich deren wesentlichen Inhalt genau ein.

Langsam überdachte er sein Berufsziel, Buchhalter werden zu wollen. Etwas Größeres schwebte ihm nun vor, aber er wusste noch lange nicht, was genau es sein sollte. Kraemer war für ihn zu einer Vaterfigur geworden, der er voll und ganz vertraute. Weshalb er sich auch dessen Willen beugte und Deutsch mit ihm sprach. Denn Kraemer, der Antinazi, wollte Kissinger davon überzeugen, dass Deutscher zu sein nicht nur schlecht sei. Er unterrichtete ihn über die positiven Aspekte der deutschen Geschichte. Er selbst war ja das beste Beispiel dafür, dass nicht alles, was deutsch war, verurteilt werden musste. Kissinger verinnerlichte einiges von dem, was er in diesen Gesprächen erfuhr, denn er wurde später kein Deutschenhasser. Kraemer war für ihn das Gesicht eines neuen, eines besseren Deutschlands. Vielleicht ist dies auch einer der Gründe, weshalb Henry Kissinger im Großen und Ganzen milde mit Deutschland umging und umgeht. Es gibt – trotz seiner traumatischen Kindheit – keine generelle Abrechnung von ihm, keine »Gardinenpredigt«. Auch vermied er es, allzu regelmäßig an die deutschen Schandtaten zu erinnern.

Kraemer überzeugte Henry auch, dass der Kommunismus ebenso schlecht sei wie der Nationalsozialismus. Beides seien totalitäre Staatsformen. Beide verachteten das Individuum. Henry bewunderte das selbstsichere, fast aristokratische Auftreten von Kraemer, seine weltmännische Art, seinen Mut, sich nicht nur von Deutschland zu distanzieren, sondern sogar gegen das eigene Vaterland zu kämpfen. Und er bewunderte, wie uneitel Kraemer war. Es ging ihm nie darum, »Macht anzuhäufen«. Reich musste er nicht mehr werden, denn er war es von Geburt. Kraemer war etwas, was es fast nicht gibt: ein Idealist in Reinkultur. Und ein Intellektueller höchsten Grades.

Als die 84. Infanteriedivison am 1. November von New York nach Europa aufbrach, war der D-Day längst vorüber. Henry wurde einer Kompanie zugeteilt, die die US-Truppen von Belgien nach Deutschland führte. Unter heftigem

Feuer erreichten sie am 9. November Aachen. Henry sah sich nicht als Heimkehrer, sondern als Befreier. Die Grenze hatte er allein in seinem Jeep überquert. Am Tag zuvor war er von seiner Kompanie freigestellt worden – dank Kraemer war er jetzt Dolmetscher von General Bolling. So blieb es Kissinger erspart, von seinem Gewehr im Kampf Gebrauch zu machen.

Einige Zeit später wurde Kissinger als Verwalter von Krefeld eingesetzt, ebenfalls auf Empfehlung Kraemers, da dieser den Job nicht selbst übernehmen wollte. Hier lernte Kissinger mit Nazischergen umzugehen. Dabei bediente er sich des kleinen Einmaleins der Psychologie. Wenn er diesen Männern gegenüber bei der Vernehmung bluffte: »Sie waren doch bestimmt nur ein ganz kleines Licht«, gebot es die Eitelkeit manches Gestapomannes zu erwidern: »Nein, nein, das stimmt nicht. Ich war doch Kommandant von …«[19]

Nachkriegsjahre in Deutschland

Nach der Kapitulation Deutschlands hatte Henry ein wenig Muse, sich umzusehen. Und was war für ihn naheliegender, als in die alte Heimat zu fahren: Nach Leutershausen, wo er auf dem Gutshof der Großeltern Fußball gespielt und ihm sein Großpapa aus dem Fenster zugesehen hatte. Dort war alles unversehrt, fast unwirklich in dem zur Steinwüste zerbombten Deutschland. Die Vögel zwitscherten wie eh und je, und die Kühe fraßen immer noch auf der Weide.

Da sah es in Fürth und Nürnberg schon anders aus. Beides waren Industriestädte mit vielen Rüstungsbetrieben gewesen, und schon die Fahrt dorthin auf den kaum noch befahrbaren Straßen war mühselig. Das Haus in Fürth, in dem sie gewohnt hatten, stand zwar noch. Aber es kam ihm vor, als ob es geschrumpft wäre. Jemand fragte ihn, was er suche. Darauf gab es keine einfache Antwort. Seine Jugend? Seine Vergangenheit? Er suchte nach Tagen des Glücks und nach Tagen des Leids. Wie konnte derart viel in so kurzer Zeit passieren? Das Nazireich hatte nur zwölf Jahre lang existiert. Sechs Jahre Frieden von 1933 bis 1939. Sechs Jahre Krieg von 1939 bis 1945. Wie konnte man ein Volk, das nach dem Ersten Weltkrieg so am Boden lag, keine Waffen, praktisch kein Militär, aber jede Menge Arbeitslose hatte, in sechs Jahren so hochrüsten, dass es in der Lage war, ein Land wie Frankreich in drei Wochen zu besiegen?

Henry war jetzt ein gänzlich anderer Mensch aus einer anderen Welt. Er war auf der Suche nach Fragmenten. Und was fand er? Er fand die Antwort auf die Frage, ob es richtig gewesen war, die deutsche Heimat zu verlassen. Ein warmes Gefühl der Dankbarkeit gegenüber seinen Eltern umfing ihn. Und gegenüber seiner neuen Heimat, den USA. Seine Eltern hatten dafür gesorgt, dass ihnen der Bombenhagel über Deutschland, dass ihnen noch viel Schlimmeres in Auschwitz oder Buchenwald erspart geblieben war. Ihnen hatte er es zu verdanken, dass er überhaupt noch am

Leben war. Und nun als Sieger bei denen war, die einst die Welt erobern wollten, das Tausendjährige Reich errichten, in einem Land, das jetzt in Schutt und Asche lag und dessen Bewohner nichts mehr zu essen hatten, keine Rechte, die angewiesen waren auf die Gnade ihrer Besatzer. »The winner takes it all, the loser has to fall«, heißt es in einem ABBA-Lied, das es damals noch nicht gab.

»Ich komme wieder«, hatte Henry bei seiner Ausreise im August 1938 zu einem Zollbeamten gesagt.[20] Dass diese prophetischen Worte einmal so in Erfüllung gehen würden, hätte er sich nicht träumen lassen. Bewegt schrieb er einen seitenlangen Brief an seine Eltern, in dem er seine Eindrücke festhielt:

> *»Ich stoppte meinen Jeep an der Stelle, an der früher die Bushaltestelle war, schloss die Augen, und für einen Augenblick war die Stadt mit all den freundlichen Menschen, denen ich einst begegnet bin, lebendig. Ich roch den Wald, in dem wir früher stundenlange Spaziergänge gemacht hatten, ich sah die gütigen Gesichter meiner Großeltern und hörte, wie sie riefen, wir sollten mit unseren neuen Kleidern nicht auf die Bäume klettern. Kaum zu glauben, dass dies erst sieben Jahre her ist, wenn man das Datum unserer Flucht nimmt.«*[21]

Natürlich durfte bei seiner Inspektion der Vergangenheit auch die Schule nicht fehlen, an der sein Vater einst unterrichtet hatte. Dies war er ihm schuldig. Dann führte Kissingers Reise weiter nach Nürnberg, das einer Steinwüste glich. Nur die Oper, die er so oft mit seinen Eltern besucht hatte, stand noch. Dann ging es noch einmal zurück nach Fürth, da er herausfinden wollte, ob es dort noch Freunde aus seiner Jugend gab. Die meisten waren ja emigriert oder im Konzentrationslager gestorben.

Nach langem Suchen fand er einen, der wie durch ein Wunder überlebt hatte: Helmut Reissner, der einer der vermögendsten jüdischen Familien Fürths angehörte, war dem KZ Buchenwald entkommen, weil dieses gerade noch rechtzeitig von General Pattons Dritter Armee befreit worden war. Von Helmut Reissner erfuhr Henry aus erster Hand, wie ein Konzentrationslager »funktioniert« hatte. Einen schrecklicheren Bericht hatte er noch nie gehört, und es dauerte Wochen, bis er davon keine Albträume mehr bekam. Die Eltern Reissners und andere Verwandte waren in Buchenwald grausam zu Tode gekommen. Natürlich bot Henry seinem Freund Helmut Hilfe an. Dieser wanderte 1946 ebenso in die USA aus und wurde dort ein erfolgreicher Chemiefabrikant. Henry hatte ihm mit Rat und Tat zur Seite gestanden.

Kissinger war in der Zwischenzeit zum Unteroffizier der Spionageabwehr befördert worden. Tatsächlich verlieh ihm diese Position mehr Macht, als wenn er einen hohen militärischen Dienstgrad innegehabt hätte. Dort, wo er zum Verwalter einer Stadt oder Region eingesetzt wurde, hatte er quasi absolute Befugnisse. Konnte beschlagnahmen, was ihm opportun erschien, und verhaften, wen er für schuldig ansah. Als er zum Statthalter von Bensberg ernannt wurde, konfiszierte er als Erstes den schönsten weißen Mercedes in der Stadt. Dies erfüllte ihm einerseits einen Jugendtraum, bescherte ihm eine gewisse Lebensqualität und sorgte auf der anderen Seite für den Respekt, dessen er von Amts wegen bedurfte. So schlug er zwei Fliegen mit einer Klappe. Wenn er mit seinem weißen Cabriolet durch die Stadt fuhr, kam ihm unweigerlich Schillers *Wilhelm Tell* in den Sinn: »Platz dem Landvogt«, heißt es da.

Revanchegedanken, geschweige denn Revanchehandlungen waren Henry fremd. Häufig beobachtete er ein derartiges Verhalten bei jüdischen Übersetzern, die unter den Nazis gelitten hatten und nun ebenfalls für die amerikanische Spionageabwehr arbeiteten. Dann schritt er unerbittlich ein und warf den Betreffenden vor: »Wie könnt ihr einen Deutschen nur so behandeln, wie ihr von den Deutschen nie behandelt werden wolltet?«[22]

Kissinger wollte in Deutschland nur als »Mr. Henry« angesprochen werden. Der Name hatte keine jüdische Konnotation. »Ich wollte nicht, dass die Deutschen denken: Jetzt kommen die Juden zurück, um sich zu revanchieren«[23], sagte er später. Es waren die Jahre, als er begann, seinen Glauben nicht mehr zu praktizieren.

In Zwingenberg bei Bensheim beschlagnahmte Henry eine feudale Villa für sich, in der er nicht nur »regierte«, sondern auch zu opulenten Partys einlud. Zwischenzeitlich hatte er eine blonde, bildhübsche Freundin, die eigentlich mit einem deutschen Adligen verheiratet war und der High Society der besetzten Deutschen angehörte. Natürlich war diese Dame eine Opportunistin – ihren Ehemann gegen einen mächtigen Besatzungskommandanten einzutauschen, das war schon ein starkes Stück. Aber Henry wusste die Sache ganz richtig einzuschätzen. Sie war eine erfahrene Frau, und er hatte die Absicht, viel von ihr zu lernen.

Eigentlich war die Verbindung von Henry zu seiner Geliebten gegen die Fraternisierungsregel – und daher von seinen Vorgesetzten nicht gern gesehen. Kein Besatzer in Führungsposition sollte mit dem immer noch unterjochten Feind »paktieren«. Dank dem Patronat Kraemers konnte es sich Henry aber mittlerweile erlauben, derartige Regeln zu ignorieren. Er war inzwischen zu einem Bonvivant, einem Lebemann, mutiert. Natürlich war Henry ein gern gesehener Gast bei großen Fußballspielen und sonstigen gesellschaftlichen Events. Er liebte diese Auftritte. Doch auch Helmut Reissner, der Jugendfreund aus Fürth, wurde von Kissinger nach Zwingenberg eingeladen und genoss dort nicht nur die mittlerweile berühmten Partys, sondern vielmehr eine Pflege wie in einer Rehaklinik. Nach den üblen Jahren in Buchenwald wurde er in Henrys Residenz nach allen Regeln der Kunst aufgepäppelt. Henry verwöhnte ihn nach Strich und Faden, bis er wieder ganz gesund war.

Die Familie Hezner aus Leutershausen war die einzige Familie, die die jüdischen Kissingers und Sterns während der Nazizeit genauso gut behandelte wie zuvor. Trotzdem wurde sie von einem amerikanischen Militärgericht als Kollaborateur der Nazis angeklagt und ihr beträchtliches Vermögen enteignet. Als Henry davon erfuhr, griff er sofort ein. Der Prozess wurde eingestellt, und sie erhielten ihr Vermögen zurück.

Nach fast einem Jahr in Bensheim trat erneut Kraemer in den Lauf von Henrys Geschichte. Als einer der Gründer der European Command Intelligence School in Oberammergau, die es heute noch gibt und die höchstes Ansehen genießt, sorgte er gegen alle internen Widerstände dafür, dass Henry Kissinger einen Lehrauftrag erhielt. Dieser war mit immerhin zehntausend Dollar im Jahr dotiert, einer wahrlich stattlichen Summe. Der Leiter der Intelligence School, Mr. Strong, hatte allerdings Schwierigkeiten im Umgang mit Henry. Dieser hielt – gegen die Regeln – einen Hund und wurde von Strong als »arrogant« und »problematisch« wahrgenommen.

Als es Zeit wurde, Europa zu verlassen, entsann sich Henry noch einiger Verwandter, die in Schweden vor den Nazis Zuflucht gefunden hatten. Zum einen war dies sein Onkel Arno, der Bruder seines Vaters, zum anderen sein Großvater David Kissinger, der unweit seines Sohnes Arno wohnte. Also fuhr Henry mit dem Zug nach Stockholm. Auch von diesem Besuch berichtete er seinen Eltern schriftlich. Noch mehr als die florierende Manufaktur, die sich Arno aufgebaut hatte, imponierte ihm, in welcher Weise sein Großvater David in der Lage war, seinen Hass auf die Deutschen unter Kontrolle zu halten, obwohl er drei seiner Töchter in den Konzentrationslagern verloren hatte. »Ich wünschte, lieber Vater, du könntest ihn sehen. Ich bin sicher, er würde nicht wollen, dass du dich quälst, nur weil er sich nicht quält.«[24] So schrieb Henry an seine Eltern:

> *»Ich habe in der Armee Selbstvertrauen gewonnen. Es war ein Amerikanisierungsprozess. Zum ersten Mal war ich in meinem Leben nicht von einem deutsch-jüdischen Kokon umgeben«*, resümierte Henry am Ende seines Deutschlandaufenthalts und konstatierte: *»Erst als Jude unter Nazis, dann als ein Flüchtling in Amerika und dann als Gefreiter in der Armee – das war nicht gerade die Erfahrung, die Selbstvertrauen vermittelt.«*[25]

Mit dieser Selbsterkenntnis lag Henry wohl kaum richtig. Seine Zeit in der Armee hatte ihn zu einem erwachsenen Mann gemacht und seinen Horizont erheblich erweitert. Nun, im Juli 1947, im Alter von vierundzwanzig Jahren, war es für ihn an der Zeit, nach Hause zu reisen. Vier Jahre war er in der Army, vier Jahre war er fort gewesen. Zum zweiten Mal in neun Jahren bestieg er das Schiff nach Amerika. Seinen Lebensgefährten, Smoky, den heiß geliebten Cockerspaniel, schickte er seinen Eltern mit dem Flugzeug voraus.

II.
Akademische Karriere in Harvard

»Jeder Erfolg ist nur die Eintrittskarte zu einem schwierigeren Problem.«[26]

Studium in Harvard

Bevor Henry Deutschland verließ, hatte er intensive Gespräche mit seinem Mentor Kraemer über seine weitere Zukunft. Der doppelt promovierte Kraemer riet ihm dringend zu einem Studium an einer der renommierten Universitäten. Nur so könne er sein überdurchschnittliches intellektuelles Potential ausschöpfen. Kissinger folgte dem Rat und bewarb sich in Columbia, Princeton und Harvard. Dass er sich für Harvard entschied, war allein der Tatsache geschuldet, dass er dort sofort im nächsten akademischen Jahr loslegen konnte.

Als Kissinger im Herbst 1947 mit seinem Studium begann, war dies die größte Semesterklasse in der Geschichte Harvards – mit 1588 Studenten. Drei Viertel davon waren Kriegsveteranen. Kissinger wurde mit zwei weiteren jüdischen Studenten einquartiert. Der auch in den USA latent oder weniger latent vorhandene Antisemitismus hatte dazu geführt, dass in Harvard siebzehn Prozent weniger Juden studierten als noch 1920. Harvard war in dieser Zeit bereits sehr liberal geworden. Damenbesuche waren erlaubt, ebenso Alkohol, fast alles außer Hunden, weshalb Henry angewiesen wurde, sich seines geliebten Begleiters zu entledigen. Das brachte er jedoch nicht übers Herz. Er stand um sieben Uhr morgens auf, brachte Smoky zu einem Hundeheim und holte ihn dort spätabends wieder ab. An Wochenenden, wenn er nach New York fuhr, brachte er Smoky zur Mutter eines Zimmerkameraden, die sich zum Hundesitten bereit erklärt hatte. Henry ging Gesprächen über seinen Glauben aus dem Wege. Zur Überraschung seiner Kommilitonen plädierte er gegen einen jüdischen Staat in Palästina – eine ungewöhnliche Auffassung für einen aus Deutschland emigrierten Juden.

Im ersten Semester belegte Kissinger Kurse in Politik, Geschichte, Französisch und Mathematik, die er sämtlich mit einer Eins abschloss. Im nächsten Semester kam Chemie dazu. Auch hier schloss er mit einer Eins ab, konzentrierte sich fortan allerdings auf die Fächer Politik und Philosophie. Als Einserstudent hatte Henry Anspruch auf einen Tutor. Diesen suchte und fand er in der Persönlichkeit von William Elliott, der nach dem Preußen Kraemer der zweite prägende Mentor in Kissingers Leben werden sollte.

Als Kissinger zum ersten Mal zur Vorsprache bei dem berühmten Professor Elliott eingeladen war, fertigte ihn dieser mit einem Seufzer und der Anweisung ab, fünfundzwanzig Bücher zu lesen, die er auf einem Zettel notiert hatte. Er möge nicht zurückkehren, bevor er nicht einen Aufsatz über den Unterschied zwischen den beiden Abhandlungen *Kritik der reinen Vernunft* und *Kritik der praktischen Vernunft* von Immanuel Kant geschrieben habe. Henry besorgte sich die Bücher in der Bibliothek und »fraß« sie buchstäblich auf, indem er jede Nacht bis zwei Uhr in ihnen las. Kurz nachdem Kissinger seinen Aufsatz abgegeben hatte, klingelte sein Telefon. Es war Professor Elliott, der schwärmte: Noch nie zuvor habe ein Student diese Bücher gelesen und eine so kompetente Klausur darüber geschrieben.

Es war der Beginn einer tiefen Freundschaft zwischen Elliott und Kissinger. Henry brachte zudem das Kunststück zustande, ein gutes Verhältnis zu Elliotts größtem Rivalen an der Fakultät, Professor Carl Friedrich, zu pflegen. Hier wurde Henrys diplomatisches Geschick erstmals sichtbar, denn eigentlich erschien es als Ding der Unmöglichkeit, ein gutes Verhältnis zu den beiden verfeindeten Professoren zu haben.

In Harvards 350-jähriger Geschichte gab es viele intellektuelle Glanzleistungen. Henry Kissingers Magisterarbeit gehört dazu. Zunächst sprengte sie mit 335 Seiten alles vorher Dagewesene, dann faszinierte sie durch die Brillanz, mit welcher sie sich mit Theoretikern und Autoren wie Immanuel Kant, Oswald Spengler, Arnold Toynbee, Hegel, Spinoza, Dostojewski und Sokrates auseinandersetzte. Hiermit nicht genug: In einem Zusatz befasste er sich mit den Gedichten von Homer, Dante und Vergil. Seine Magisterarbeit wurde in Form und Inhalt mit summa cum laude benotet – eine Ehre, die höchstens einem Prozent der Magisterarbeiten in Harvard zuteilwird.[27]

Während Henrys vierjähriger Armeezeit beendete Ann das Hunter College in New York und ging dann ein Jahr nach Colorado Springs, wo sie in einem Hotel arbeitete. Als Henry aus Europa zurückkehrte, war sie wieder zurück in New York und hatte dort inzwischen eine auskömmliche Arbeit als Buchhalterin.

In Henrys zweitem Studienjahr beschlossen die beiden zu heiraten. Es war eine kleine Zeremonie nach orthodoxem Ritus, die Rabbi Leo Breslauer in der Wohnung von Kissingers Eltern vornahm. Henry und Ann bezogen eine bescheidene Wohnung im New Yorker Stadtteil Washington Heights, und Henry kaufte einen gebrauchten Dodge, um zwischen Harvard und New York pendeln zu können. Der eigentliche Grund für Henrys frühe Eheschließung mag gewesen sein, dass viele seiner Kommilitonen ein für sein Dafürhalten frivoles Leben führten. Zum einen waren sie nicht in der Army gewesen und dadurch noch deutlich jünger, andererseits kannten sie den Ernst des Lebens nicht, den ihm die Army vermittelt hatte.

Die finanzielle Situation von Henry und Ann war alles andere als rosig, aber sie kamen über die Runden. Er hatte neben seinem Begabtenstipendium ein Zusatzeinkommen als Assistent von Professor Elliott, und Ann arbeitete weiter als Buchhalterin in einem Möbelgeschäft. Henrys Verhältnis zu Professor Elliott hatte sich noch einmal vertieft. Elliott suchte und fand Möglichkeiten, Henrys Talente weiter zu fördern. So übertrug er ihm 1951 die Leitung des Harvard International Seminar, eines von der Universität neu aufgelegten Studienprogramms, das Führungspersönlichkeiten aus aller Welt die Chance bot, einen Sommer an der einzigartigen Harvard-Universität zu verbringen. Dieses Programm wurde von Harvard-Förderern wie der Ford- oder Rockefeller-Stiftung, aber insgeheim auch von der CIA finanziert. Bis zur Beendigung dieses Programms im

Jahr 1969 sollten sechshundert Studenten daran teilgenommen haben, darunter Persönlichkeiten, die es bis an die Spitze ihrer Staaten brachten wie Valéry Giscard d'Estaing in Frankreich oder Nakasone Yasuhiro in Japan.

Kissinger offenbarte als Leiter dieses Programms sein Talent zum Networking wie auch seine Begabung für das internationale Parkett. Mit seiner Frau Ann gab er wöchentliche Essen bei sich zu Hause und war hier stets darauf bedacht, ausländische und einheimische Studenten zu mischen. Dank der üppigen Spenden, die das Sommerprogramm förderten, konnte Henry seinen Gastrednern großzügige Honorare zahlen, was natürlich dabei half, prominente Kandidaten zu finden. Mit seinen internationalen Gaststudenten hielt Henry auch nach den Sommersemestern in Harvard Kontakt und griff auf diese Kontakte teilweise noch als Nationaler Sicherheitsberater oder als Außenminister zurück.

Seine Position als Leiter des Harvard International Seminar verschaffte Kissinger erstmals eine gewisse internationale Reputation. 1952 baute er das Programm aus, indem er die vierteljährlich erscheinende Zeitschrift *Confluence* gründete, in der namhafte Außenpolitiker ihre Artikel zur internationalen Lage veröffentlichten. Auch dies half Henry, seinen Bekanntheitsgrad zu erweitern und seine Kontakte zu vertiefen.

Die Promotion

Die meisten Politstudenten in Harvard, die eine Doktorarbeit anstrebten, widmeten sich dem damals auf der Hand liegenden Thema der Gefahren einer atomaren Auseinandersetzung zwischen den Atommächten. Kissinger dachte in globalen, zeitlosen Dimensionen und kam in seiner Doktorarbeit zu des Pudels Kern, nämlich der Frage, wie man einen dauerhaften Frieden konstruieren könnte. Hierbei widmete er sich einem historischen Beispiel: dem Wiener Kongress, der einst von dem österreichischen Staatsmann Fürst von Metternich ins Leben gerufen worden war. Der Titel seiner Doktorarbeit lautete: *A World Restored: Metternich, Castlereagh, and the Problems of Peace 1812–22*. Von vielen Wissenschaftlern wurde dieses Thema als altbacken, aus der Zeit gefallen betrachtet. Nicht allerdings von denen, auf die es ankam, die über den Tellerrand hinaussahen. Sie entdeckten in Kissingers Dissertation Parallelen zwischen Napoleons Frankreich von 1815 und Stalins Russland sowie England im Jahr 1815 und den USA im Jahr 1950.

Kissinger zeigte auf, wie ein konservativer Staatslenker mit viel Fingerspitzengefühl eine Machtbalance zustande brachte. Seine Metternich-Studien führten Kissinger auch zu Bismarck – er widerstand jedoch der Versuchung, das Bismarck-Kapitel in seine Dissertation zu integrieren. Auch ohne diese Verbindung wurde seine Promotion letztlich mit breiter Zustimmung aufgenommen. Im Mai 1951 wurde ihm der akademische Grad »Dr. phil.« verliehen. Allmählich hatte sich Henrys weit überdurchschnittliche intellektuelle Brillanz in Harvard herumgesprochen. Allerdings haben es derartige Erfolge in der Regel zur Folge, dass Neid entsteht. Besonders die sich stetig entwickelnden Kontakte in höhere politische Sphären weckten nicht nur den Argwohn der Kommilitonen, sondern auch von Teilen des Lehrkörpers. Schließlich kumulierte die Schmähkampagne gegen Kissinger darin, dass Henrys Mittelname, Alfred, den er gemeinhin zu Henry A. Kissinger abkürzte, zu »ass« (Arsch) pervertiert wurde. Dieser unschöne Beiname »Henry Ass Kissinger« drückte den damaligen Frust vieler Kommilitonen über Henrys Arroganz aus, aber auch über ihre vergeblichen Versuche, seinen akademischen Leistungen nahezukommen. Vielleicht hatte seine Unbeliebtheit auch mit seiner damaligen Ernsthaftigkeit, ja Humorlosigkeit zu tun, die in seiner düsteren Kindheit begründet gewesen sein mag. Die Schwester des Neids ist jedoch die Bewunderung, und diese ging mit der Missgunst, die Henry zuteilwurde, zweifellos einher.[28]

Im folgenden Jahr wurde Kissinger Habilitationsstudent und suchte nach einer Gelegenheit, ins Ausland zu kommen. Schon damals zog es ihn in die große weite Welt. Der Mehrheit der Amerikaner, die gar keinen Pass besitzen, weil sie nie ins Ausland reisen, gehörte er nicht an. Seine erste Auslandsreise gelang ihm 1951 mit einem Trip nach Korea, und den Sommer darauf reiste er nach Deutschland. »Die Erholung Deutschlands ist fantastisch«, schrieb er seinen Eltern. Ihm als Leiter von Harvard International zu Ehren wurde bei dieser Reise sogar ein Dinner ausgerichtet, und zwar ausgerechnet in der Zentrale des ehemaligen Rüstungsgiganten Krupp in Düsseldorf. »Wer hätte das gedacht ...«[29], schrieb er an seine Eltern.

Prägende Begegnungen

Eines Tages lief Henry in Harvard Professor Arthur Schlesinger jr. über den Weg. Dieser fragte ihn, ob er eine Abhandlung lesen wolle, die er gerade über Atomwaffen geschrieben habe. Henry bejahte freudig, verschlang das Schriftstück und schrieb übers Wochenende eine Rezension. Diese wiederum imponierte Schlesinger dermaßen, dass er sie an die vierteljährlich erscheinende Publikation *Foreign Affairs* weiterleitete, das prestigeträchtige Organ des mächtigen Council on Foreign Relations. Dort wurde Kissingers Rezension im April 1955 veröffentlicht – sein erster Durchbruch auf nationaler Ebene. Hiermit nicht genug, Schlesinger schickte Kissinger auch zum Herausgeber von *Foreign Affairs,* der einen Stellvertreter suchte. Das Vorstellungsgespräch ergab, dass der Herausgeber dieses Verlages Henry zwar nicht für kompetent genug hielt, um als sein Stellvertreter zu agieren, aber immerhin bot er ihm an, die Leitung einer neuen Studiengruppe zu übernehmen.

1921 gegründet, ist das Council on Foreign Relations einer der mächtigsten und einflussreichsten Klubs Amerikas. Er ist auf dreitausend Mitglieder beschränkt. Diese Mitglieder gehören sämtlich der materiellen oder intellektuellen Elite Amerikas an – oder beiden –, nicht selten stammen sie aus mächtigen, vermögenden Familien, wie es zum Beispiel bei Nelson Rockefeller der Fall war. Im prestigeträchtigen Klubhaus in der Park Avenue in New York finden die Versammlungen, Dinner und Vorträge von und mit bedeutenden Persönlichkeiten statt. Es war zum ersten Mal, dass Kissinger mit einem der einflussreichsten Machtzirkel der USA in Berührung kam. Und er war fasziniert. Obwohl er das Angebot eines gut bezahlten Lehrauftrags von der Universität Chicago bekommen hatte, entschied er sich, den ihm angebotenen Posten als Direktor einer der Studiengruppen des Council zu übernehmen, und zwar der Studiengruppe »Nuklearwaffen und Außenpolitik«. Dieser Entschluss, nicht den akademischen Weg in Chicago zu wählen, sondern den Weg in die Richtung der Politik, war für Kissingers weiteren Lebenslauf von entscheidender Bedeutung.[30]

Da ihm der Posten als Direktor der Studiengruppe nicht genug war, schrieb Kissinger ein vierhundertfünfzigseitiges Buch mit dem Titel *Nuklearwaffen und Außenpolitik*. Sachbücher, zumal wenn sie von unbekannten Autoren kommen, finden selten den Weg in die Bestsellerlisten. Umso größer war die Überraschung, als Henrys 1957 erschienenes Buch sich vierzehn Wochen lang in der Bestsellerliste hielt. So kam Kissinger, zumindest virtuell, erstmals in Kontakt zu dem späteren Präsidenten Richard Nixon, der das Buch entsprechend einer Empfehlung des

Time Magazine las. Dort hatte man geschrieben: »Im Pentagon, im Außenministerium, im Weißen Haus debattiert man ein neues Buch, eine brillante, unabhängige Analyse des nationalen diplomatischen und militärischen Nachkriegskampfes gegen den Kommunismus.«[31] Dieses Buch machte Henry Kissinger nicht nur schlagartig berühmt, sondern es ebnete ihm auch den Weg in die höchsten Kreise der Politik. Genau dort wollte er hin, das wusste er jetzt. Der Kontakt mit Amerikas Elite im Council on Foreign Relations war für ihn mehr als ein *taste of honey*. Es war für ihn der Zeigefinger Gottes, der ihm den Weg wies. »Das ist dein Schicksal. Das ist dein Leben«, so dämmerte es ihm.[32]

Nelson Aldrich Rockefeller, Jahrgang 1908, von seinen Freunden auch »Rocky« genannt, war Enkel des legendären Standard-Oil-Gründers John D. Rockefeller. Nelson war Geschäftsmann, strebte aber ein Leben lang nach politischen Ämtern. Unter den Präsidenten Franklin D. Roosevelt und Harry S. Truman diente er als stellvertretender Außenminister für öffentliche Angelegenheiten. 1959 bis 1973 war er Gouverneur des Bundesstaats New York, und von Dezember 1974 bis Januar 1977 war er Vizepräsident der USA.

1956 war Rockefeller Assistent von Präsident Eisenhower für internationale Angelegenheiten. In dieser Eigenschaft versammelte er in Quantico, einer Marinebasis in der Nähe von Washington, D.C., einige akademische Experten. Neudeutsch handelte es sich um einen Thinktank, in dem über die nationale Sicherheitspolitik gesprochen wurde. Auch Henry Kissinger war in diese Expertenrunde eingeladen. Das Zusammentreffen mit Nelson Rockefeller, einem der ganz Großen Amerikas, war für Henry Kissinger eine weitere schicksalhafte Begegnung, die in ihrer Bedeutung denen mit Fritz Kraemer und Professor William Elliott gleichkommt. Sie war die Wurzel einer lebenslangen engen Freundschaft und Zusammenarbeit.

Nachdem Kissinger das Symposium in Quantico in einem brillanten Bericht zusammengefasst hatte, bot ihm Nelson Rockefeller an, für ihn und seine politischen Projekte zu arbeiten. Kissinger stimmte im März 1956 zu. Fortan war er, zweiunddreißigjährig, Chef eines Mitarbeiterstabs von hundert Leuten sowie diverser Beratergremien, die Rockefeller beschäftigte.

Kissinger war ein ungeduldiger, strenger Vorgesetzter. Es war nicht einfach, seinen Ansprüchen zu genügen. Vielleicht deshalb, vielleicht auch ungeachtet dessen sandte ihn Rockefeller 1957 mit einem freundlichen Dankschreiben plus Scheck nach Harvard zurück. Dies änderte allerdings nichts daran, dass Henry trotz seiner Lehrtätigkeit in Harvard bis zu seiner Berufung in das Kabinett Nixon im Jahr 1968 ein bezahlter Teilzeitberater von Rockefeller blieb.

Der Harvard-Professor

So einfach war es gar nicht, nach Harvard zurückzukehren, da Henry dort nicht nur Freunde hatte. Aber dank der Fürsprache von McGeorge Bundy, seinerzeit Dekan der juristischen Fakultät von Harvard, gelang es ihm schließlich, sich eine Stelle als Lehrbeauftragter zu verschaffen. Aus einem Beamtenhaushalt kommend, steckte in Henry allerdings die tiefe Sehnsucht nach bestmöglicher finanzieller Absicherung. Deshalb schielte er nach einer beamtenähnlichen Professur auf Lebenszeit. Bundy erklärte ihm, dass auch einem Mann wie Kissinger die Ochsentour nicht erspart werden könne. Erst einmal kämen die Gesellenjahre als Dozent, bevor er mit den höheren Weihen einer Professur gekrönt würde.

Kissinger in seiner Zeit als Professor an der Harvard-Universität.

Da es nur zwanzig Professorenposten im Government Department in Harvard gab, war der Kampf um diesen »goldenen Ring«, wie eine solche Lebensprofessur auch genannt wurde, erbarmungslos. Denn erst einmal musste eine der zwanzig heiß begehrten Stellen vakant werden, bevor man sich um sie bewerben konnte. Aber Henry wäre nicht seine eigene Legende geworden, hätte er diesen erbitterten Kampf nicht aufgenommen und schlussendlich für sich entschieden.

1958 gewann er einen weiteren, allerdings weniger erbitterten Kampf – um den Posten des Direktors des Harvard Defense Study Program. Dies war seine Domäne, diesen Posten hatte er unbedingt besetzen wollen. Als Direktor des Defense Program hatte er erreicht, was er sich als junger Student nie hätte träumen lassen: Er war Harvard-Professor auf Lebenszeit und leitender Direktor jenes Studiengangs, dessen Inhalten er sein Leben verschrieben hatte: der Außen- und Verteidigungspolitik.

Entzweiung von Ann

Bereits als sich im Zuge von Henrys Dissertation dann Harvard als zukünftiger Lebensmittelpunkt abzeichnete, siedelten die Kissingers von Arlington Heights, New York, nach Cambridge, Massachusetts, um. Sie mieteten ein bescheidenes Duplex-Apartment in der Frost Street, ganz in der Nähe ihrer besten Freunde, des Ehepaars Elisabeth und

Klaus Epstein. Als Henry die finanzielle Sicherheit, nach der er gestrebt hatte, mit seiner Professur auf Lebenszeit, die mit achttausend Dollar jährlich dotiert war, erreicht hatte, dachten Ann und er an das, was eine Familie ausmacht, nämlich Kinder. Auch das war typisch für Henry: Ohne ganz sicher zu sein, seine Kinder auch ernähren zu können, setzte er keine in die Welt.

Henry Kissinger mit seinem Sohn David (re.) und den Kindern seines Bruders Walter bei einem Ausflug in der Schweiz.

Im Jahr 1959 wurde schließlich Elisabeth geboren, zwei Jahre später ihr Bruder David. Nach der Geburt des zweiten Kindes zogen die Kissingers in ein Haus mit drei Schlafzimmern. Obwohl das Ehepaar den jüdischen Glauben nicht praktizierte, wurde David doch beschnitten und seine Beschneidung nach altem jüdischem Brauch mit der gesamten Familie gefeiert. In seiner Rede zu Ehren seines Sohnes gedachte und dankte Henry seiner Familie, ohne die er, wie er hervorhob, nicht das geworden wäre, was er jetzt war.

Ann, die in Cambridge aufgehört hatte zu arbeiten, war eine perfekte Hausfrau. Henry hielt sie ganz schön auf Trab, da er zwei- bis dreimal die Woche zu Abendessen einlud, meist acht Studenten und zwei Fakultätskollegen. Besonders intensiv waren diese Dinner in den Sommermonaten, wenn er seine Harvard-International-Seminare abhielt. Es waren aber nicht nur Harvard-Studenten und Kollegen eingeladen, sondern auch Persönlichkeiten aus dem New Yorker oder Washingtoner Establishment, die er nach und nach kennengelernt hatte, wie Nelson Rockefeller. Im Rahmen dieser intensiven Networking-Dinner stellte sich mehr und mehr heraus, dass Ann den geführten Konversationen nur schwer folgen konnte oder wollte. Diese Gesprächsebene war nicht ihr Ding. Henry hätte sie gern mehr in die Diskussionen einbezogen, aber sie wollte nicht.

So drifteten die Welten von Henry und Ann langsam, aber stetig auseinander. Besonders wurde dies deutlich, nachdem Henry über seiner Garage eine Bibliothek gebaut hatte, in die er sich mehr und mehr zurückzog und zu der ihr der Zutritt verboten war. Sie spürte auch selbst, dass ihr der Umgang mit den Rockefellers oder Kennedys, die ebenfalls in Boston beheimatet waren, nicht angenehm war. Diese Art von High Society war nicht ihre Welt.

Ein letztes Mal versuchten die beiden, ihre Ehe zu retten, indem sie 1962 eine gemeinsame Asien- und Europareise unternahmen. Danach beschlossen sie, sich im Guten zu trennen, schon der Kinder wegen. Dies gelang ihnen auch, sodass Henry nach der Trennung oft zum Abendessen bei Ann, die eine hervorragende Köchin war, und den Kindern vorbeikam. Formell wurde die Scheidung 1964 in Reno, Nevada, vollzogen.

Inzwischen hatte sich Henry weiter in Richtung Establishment orientiert. Er hatte abgenommen, trug elegantere Kleidung und leistete sich einen Mercedes – wenn auch einen gebrauchten. Einige Jahre später heiratete Ann Saul Cohen, einen hoch angesehenen Chemieprofessor. Auch Henry nahm an der Hochzeit teil.[33]

III.
Kissinger, der Politiker

*»Außenpolitik ist eine Kunst,
die wie ein Handwerk aussieht.«*

Aufstieg ins Zentrum der Macht

Die erste Prise Macht schnupperte Henry im Council on Foreign Relations und 1958 bei Nelson »Rocky« Rockefeller. Hier kam Henry mit Menschen in Berührung, die Zugang zur Regierung, Zugang zum Weißen Haus und zum Präsidenten der Vereinigten Staaten von Amerika hatten – dem mächtigsten Mann der Welt. Das elektrisierte Kissinger. Die Politik ließ ihn nicht mehr los, zog ihn in ihren Bann. Machte sich in ihm breit wie eine Droge, der er verfallen war. Jetzt war ihm endgültig klar: Ich bin ein Homo politicus. Ich will dazugehören, zur Upperclass, zu den Mächtigen, zu denen, die ganz oben sind.

Und fortan unterwarf er alles, was er zu tun gedachte, diesem einen Ziel. 1958 lernte er den jungen Senator von Massachusetts kennen, John F. Kennedy, der für die Präsidentschaft kandidierte. Boston und Harvard sind nicht weit voneinander entfernt, und die Pflege guter Beziehungen zwischen einem Präsidentschaftskandidaten und Amerikas renommiertester Universität gehört zu einer bewährten Tradition beider Seiten.

Kissingers Kontakt zu Kennedy kam über seinen Harvard-Kollegen zustande, Professor Schlesinger. Dieser war Kennedys Lieblingshistoriker. Kennedy war auf Kissinger während seines Wahlkampfs durch einige Eisenhower-kritische Artikel aufmerksam geworden, die sein Wohlgefallen gefunden hatten. Folglich lud Kennedy Kissinger im Februar 1961 ins Weiße Haus ein und bot ihm einen Posten als Mitarbeiter des neuen Nationalen Sicherheitsberaters McGeorge Bundy an. Kissinger kannte Bundy bereits als Dekan aus Harvard. Allerdings entschloss sich Henry, auf den ihm angebotenen Posten zu verzichten, da nach seinem Empfinden die Chemie zwischen ihm und Bundy nicht stimmte.

Schließlich bot ihm Bundy einen Job als Teilzeitberater im Weißen Haus an, den Kissinger, nur allzu begierig, sich im Dunstkreis der Macht aufzuhalten, annahm. Aber von den wirklichen Schaltstellen der Macht war er noch weit entfernt. Wiederholt bat er Schlesinger, ihm zu helfen, näher an den Präsidenten heranzurücken. Bundy aber blockierte diese Versuche. Und auch die Wellenlänge zwischen Kissinger und Kennedy stimmte nicht. Henry verletzte diese Erfahrung, da er sich selbst als Mann von erheblicher Bedeutung sah. Im Sommer 1962 kehrte er als Vollzeitprofessor nach Harvard zurück, wo er nach dem Scheitern seiner Ehe mittlerweile ein Junggesellenapartment in der Beaton Street in Boston bezogen hatte.

Nun stand es ihm frei, seinen republikanischen Freund Nelson Rockefeller zu unterstützen. Dieser bereitete sich gerade auf die Präsidentschaftskandidatur der Republikaner 1964 vor. Sein Gegenkandidat war Barry Goldwater. Auf dem Nominierungsparteitag in San Francisco machte ihn ein Freund auf eine attraktive 30-Jährige aufmerksam, die allerdings etwas groß geraten sei. Hierauf entgegnete Henry seinem Freund, das sei für ihn kein Problem, er komme mit dem Größenunterschied zurecht. Die etwas »groß« Geratene war Nancy Sharon Maginnes, Henrys spätere Frau. Tatsächlich funkte es zwischen den beiden bereits auf dem Parteitag. Eigentlich hätte sie Henry schon früher auffallen müssen, denn Nancy arbeitete – wie er selbst – im Team Rockefellers in New York. Bevor er sie zehn Jahre später heiratete, war sie seine Freundin – allerdings nur für den engsten Kreis um ihn herum, nicht für die Öffentlichkeit.

Während Kissinger bei der Wahl 1960 noch den Demokraten Kennedy gewählt hatte, war er nun vollkommen ins republikanische Lager übergewechselt. Dies mag seiner Enttäuschung über Kennedy geschuldet gewesen sein, vielleicht aber lag der tiefere Grund in seiner engen Freundschaft zu dem eingefleischten Republikaner Nelson Rockefeller. Kissinger hatte Nixon während seines Wahlkampfs 1968 beraten, obwohl sie sich nur einmal – bei einer gemeinsamen Freundin in New York – persönlich getroffen hatten. Nixon gewann die Wahl, und einige Tage später, es war Freitag, der 22. November, und Henry saß gerade beim Lunch in Nelson Rockefellers Apartment in New York, kam ein Anruf von Nixons vorläufigem Hauptquartier im Hotel Pierre, ebenfalls in New York. Nixons Sekretärin fragte, ob Henry den gewählten Präsidenten am kommenden Montag treffen könne. Natürlich, lautete Henrys Antwort. Der gewählte Präsident wollte ihn sprechen. Eine Privataudienz! Das hatte es in seinem Leben auch noch nicht gegeben. Es war vielmehr etwas, wovon er bislang allenfalls geträumt hatte.

Als sie sich trafen, eröffnete ihm der überraschend scheue Nixon, wie er sich die Außenpolitik in seiner Präsidentschaft vorstelle. Eine Außenpolitik, die nicht im Außenministerium, sondern im Weißen Haus gemacht werde. Henry war von der Idee begeistert und empfahl Nixon in einem dreistündigen Gespräch, er möge im Weißen Haus unter seinem neuen Sicherheitsberater einen schlagkräftigen Stab installieren.

Am nächsten Tag erhielt Henry zwei wichtige Anrufe. Zuerst teilte ihm Rocky mit, der gewählte Präsident würde es bevorzugen, wenn Rockefeller Gouverneur von New York bliebe und nicht in sein Kabinett wechsle. Der andere Anruf kam vom Stab des gewählten Präsidenten. Kissinger wurde gebeten, am nächsten Tag erneut ins Hotel Pierre zu kommen. Ob er sich entschieden habe, fragte ihn Nixon. Entschieden für was – entgegnete Kissinger. Na, er, Nixon, habe ihm beim letzten Gespräch doch den Posten des Nationalen Sicherheitsberaters angeboten! »Dann habe ich da wohl gerade nicht aufgepasst«[34], gab Kissinger zurück. Er brauche noch eine Woche Bedenkzeit, da er sich noch mit seinen engsten Weggefährten beraten wolle. Nixon willigte ein. Rockefeller riet ihm dringend zu, Kraemer riet ihm ab. Nach zwei Tagen Bedenkzeit nahm Kissinger Nixons Angebot schließlich an. Am darauffolgenden Montag verkündeten der gewählte Präsident und Henry im Ballroom des Hotels Pierre, dass Kissinger der neue Nationale

Sicherheitsberater der Vereinigten Staaten in der Regierung Nixon werde. Nun war er angekommen. Im Alter von nur fünfundvierzig Jahren befand er sich im innersten Zirkel der Macht des reichsten und mächtigsten Landes der Welt.

»Dies alles ist mir untertänig«, begann er zu Ägyptens König, »gestehe, dass ich glücklich bin!« Ob Henry diese Zeile von Friedrich Schiller durch den Kopf ging, als Richard Nixon der Weltpresse verkündete, er mache Professor Dr. Henry A. Kissinger zu seinem Nationalen Sicherheitsberater, wissen wir nicht. Aber etwas Ähnliches wird er wohl gedacht haben. Der Immigrantensohn, der vor den Nazis fliehen musste und gerade einmal seit dreißig Jahren in den USA lebte, wurde zum bedeutenden Mitglied der Regierung jener Nation, die ihn vor dem Terror der SS bewahrt und sein Leben gerettet hatte. All das hatte er erreicht als Sohn eines orthodoxen jüdischen Lehrers, als Einwanderer, dem die USA ihre sensible nationale Sicherheit anvertrauten, als Flüchtling, dem in Nazideutschland das Recht auf Leben abgesprochen worden war. Er hatte sie alle Lügen gestraft. Er hatte bewiesen, dass Vorurteile nicht mehr wert waren als Schall und Rauch.

Die Presseresonanz zu Henrys Ernennung war überwältigend positiv. »Seit Florence Nightingale gab es keine so große universelle Zustimmung mehr«[35], verstieg sich ein ehemaliger Teilnehmer von Henrys Sommerseminar, William Buckley jr., in seiner Glückwunschadresse.

Kissingers Arbeitsplatz war nicht in einem eigenen Ministerium untergebracht. Der Nationale Sicherheitsberater hatte sein Büro im Weißen Haus. Genauer gesagt: Das Büro des Nationalen Sicherheitsberaters bestand aus lediglich zwei Zimmern im Weißen Haus. Ein Vorzimmer für zwei Sekretärinnen und das Büro des Sicherheitsberaters, maximal dreißig Quadratmeter groß. Aber das Büro war nur fünfzehn Meter vom Oval Office entfernt, dem Büro des Präsidenten. Die Berater, die wiederum den Nationalen Sicherheitsberater berieten, saßen im Nebengebäude des Weißen Hauses, dem sogenannten Eisenhower Building.

(Woher ich das alles weiß? Weil ich meinen Freund, General Jones, wiederholt im Weißen Haus besucht habe! Er war Nationaler Sicherheitsberater unter Präsident Obama.)

Die rechtliche Basis, auf der sich Henry schließlich gar über den Außenminister erhob, war der National Security Act aus dem Jahr 1947. Auf Grund dieses Gesetzes konnte Kissinger das National Security Council bilden, das dafür geschaffen war, Streitigkeiten zwischen verschiedenen Ministerien zu schlichten. Bald führten alle Wege innerhalb des Regierungsapparats über Henry Kissinger. Er bestimmte die Tagesordnungen der Sitzungen, er kontrollierte die Entscheidungen. Er war der faktische Außenminister.

Dem rivalisierenden Außenministerium zog Präsident Nixon bereits beim Antrittsbesuch des russischen Botschafters in Washington den Zahn: Er bat Dobrynin, vertrauliche Unterredungen künftig nur noch mit Henry Kissinger und nicht mehr mit Außenminister Rogers zu führen. Kissinger sorgte akribisch dafür, dass der Außenminister nur noch das erfuhr, was er selbst ihn wissen lassen wollte. Man liegt wohl nicht weit daneben, wenn man Henry Kissinger eine gesunde Portion Machtbesessenheit unterstellt. Dies bekam sogar Präsident Nixon zu spüren, der sich gemäß der Verfassung der Vereinigten Staaten allerdings zu wehren wusste.

In seinen letzten Amtstagen rief Nixon seinen Nachfolger, Gerald Ford, ins Oval Office und teilte ihm mit, dass er zurücktreten werde. Er gab ihm keine Ratschläge, wie er sein Amt führen sollte. Er riet ihm lediglich: »Behalten Sie Kissinger als Außenminister. Er ist ein Genie, aber Sie müssen nicht alles akzeptieren, was er empfiehlt. Er kann von unschätzbarem Wert sein und ist ausgesprochen loyal, aber Sie dürfen ihm nicht völlig freie Hand lassen.«[36] Ford solle sich klarmachen, dass es Zeiten gebe, zu denen er Henry in den Arsch treten müsse. Manchmal denke Kissinger nämlich, er sei selbst der Präsident. Und wieder gebe es auch Zeiten, in denen Henry gehätschelt und wie ein Kind behandelt werden müsse.

Nixon gefiel es auch, in Kissingers Anwesenheit über Juden herzuziehen und Henry anschließend aufzufordern, dem Präsidenten beizupflichten. Aber er hörte auch auf ihn und folgte beispielsweise nach anfänglichem Zögern Kissingers Idee, im Weißen Haus Abhöranlagen zu installieren. Diese schalteten sich zu Beginn eines jeden Gesprächs automatisch ein. Sie sollten dem Zweck dienen, undichte Stellen in der Kommunikation des Weißen Hauses mit Journalisten aufzudecken. Nixon konnte damals

Präsident Richard Nixon (li.) und Henry Kissinger (re.) vertieft in eine Diskussion.

noch nicht ahnen, dass ihm diese von ihm selbst installierten Bänder einmal das Genick brechen würden.

Den Tonbandaufzeichnungen allerdings verdanken wir auch das Wissen, dass Nixon ein Virtuose der Fäkalsprache war. Fast kein Wort in dieser Spezies war ihm fremd. Je nach Lust und Laune verunglimpfte er Abgeordnete, Minister, Staatsoberhäupter und andere mit Kraftausdrücken wie Bastard, Hurensohn, Schwuchtel, Schwanzlutscher, Arschloch, Ratte, Scheißer, Aasgeier, Drecksjude, Kotzbrocken und Ähnlichem. Ganz offensichtlich suhlte er sich mit Vergnügen in diesem Jargon, obwohl er und seine Eltern der Religionsgemeinschaft der Quäker angehörten, in der unkeusche Schimpfwörter aufs Strengste verboten sind.

Anfang August 1969 nahm Kissinger Geheimverhandlungen mit Vertretern Nordvietnams in Paris auf. Vietnam war das dominierende Thema in Nixons Präsidentschaft, war es bereits im Wahlkampf gewesen. Immer wieder tobte Nixon im Oval Office: »Falls die Vereinigten Staaten in Vietnam den Kürzeren ziehen, wenn dort eine von den Sowjets unterstützte Invasion erfolgreich wäre, dann wird dasselbe als Nächstes im Nahen Osten probiert werden, und die Vereinigten Staaten werden sich auch dort nicht behaupten können. Das steht auf dem Spiel. Wir werden eine Blockade errichten und weiterbomben. Und wenn es mich die Wahl kostet. Ist mir scheißegal!«, polterte er. Noch drastischer äußerte er sich im März, April, Juni und November 1971 sowie im Februar, April und Mai 1972.

> *»Also fickt die Wichser. Macht euch keine Sorgen. Wir werden ihnen verdammt noch mal alles um die Ohren hauen. Wie werden gewinnen. Wenn wir schon das Schwert ziehen, dann werden wir diese Bastarde an allen Ecken und Enden bombardieren. Offen gesagt, es gibt für mich kein größeres Vergnügen, als dieses Amt an jemanden zu übergeben, nachdem wir Nordvietnams Kriegspotenzial zerstört haben.«*[37]

Wie wir wissen, gelang es dem Duo Nixon/Kissinger, den Vietnamkrieg für die USA gerade noch gesichtswahrend zu beenden. Auch die Russen und Chinesen mussten einen hohen Preis bezahlen. Er war so hoch, dass ihnen der Appetit auf einen Krieg zur weiteren Ausbreitung des Kommunismus für die nächsten Jahrzehnte verging. Das ist es, was die Amerikaner in Vietnam erreicht haben. Ob ihnen dasselbe ohne eine derart erbitterte Kriegsführung in Vietnam gelungen wäre?

Der Held des Vietnamfriedens war auf amerikanischer Seite nur einer: Dr. Henry Kissinger. Belohnt wurde zwar auch Nixon, indem er die Wahlen 1972 haushoch gewann. Als Friedensstifter, genialer Verhandler, ja als Messias wurde aber nur einer gefeiert: Henry, Henry und nochmals Henry. Dies lag vor allem an der genialen PR-Strategie von Kissinger selbst. Schon während der streng geheimen Friedensverhandlungen hatte er wieder und wieder vertrauliche Informationen an wichtige Journalisten durchgestochen. Dies wurde ihm nach dem Friedensschluss in hymnischen Elogen gedankt, sodass die einfachen Leute gar nicht anders konnten, als Henry den alleinigen Lorbeer zuzubilligen. »Dr. Kissinger, wir möchten Ihnen danken, dass Sie die Welt gerettet haben« war ein Satz, der ehrfürchtig aus vielen Kehlen ertönte.

Plötzlich war Henry Kissinger der berühmteste Mann Amerikas, bekannter als der Präsident – und beliebter sowieso. Als ihm zur Krönung seines segensreichen Schaffens auch noch der Friedensnobelpreis verliehen wurde, stand er kurz vor der Heiligsprechung. Der Papst befand sich schon in Habachtstellung. Die Queen ließ ihn zum Ritter schlagen, aber mit Verlaub, Majestät, was war das gegenüber dem Friedensnobelpreis?

Es entwickelte sich ein regelrechter Kult um Henry Kissinger. Taxifahrer hielten an und ließen das Fenster herunter, wenn sie seiner ansichtig wurden. Man versuchte, ihn zu berühren, man schloss ihn ins Nachtgebet ein. Er war kein dröger Politiker mehr, er war ein Popstar. Und dies hatte nichts, aber auch gar nichts mit seinem Äußeren zu tun. Man tut Henry nicht unrecht, wenn man sein Äußeres nicht mit dem eines Hollywoodstars gleichsetzt. Wenn man ihm, a priori, nicht denselben Sex-Appeal wie einem Clark Gable zubilligt. Doch Henry strahlt eine Zuverlässigkeit, eine Aufrichtigkeit, eine Seriosität aus, die ihresgleichen sucht.[38]

Hätte er für die Präsidentschaft kandidieren dürfen, was ihm gemäß der Verfassung als nicht-gebürtiger Amerikaner nicht erlaubt war, er hätte einen triumphalen Wahlerfolg gefeiert. Doch auch so wurde er – in gewisser Weise – wiedergewählt. Er verhalf Nixon 1973 zu einem triumphalen Wahlsieg und verlangte zur Belohnung das Außenministerium, das zweithöchste Amt in der US-amerikanischen Verfassung. Höher kann jemand, der nicht in Amerika geboren ist, in einer amerikanischen Regierung nicht aufsteigen. (Der aus Deutschland stammende Henry Kissinger hat dies bis dahin als Einziger in der US-Historie geschafft.) Deshalb war das spätere Rücktrittsschreiben von

Richard Nixon auch nicht an den Vizepräsidenten, sondern an das nach der Verfassung ranghöchste Regierungsmitglied der Vereinigten Staaten gerichtet: an den amtierenden Außenminister Dr. Henry Kissinger.

Henry und die Frauen

Ein Superintellektueller, sollte man meinen, findet nur Bücher erotisch, allenfalls noch die Politik. Er wetzt seinen Geist bis zur Erschöpfung an den Ungeistern, die es bis an die Spitze anderer Staaten gebracht haben, an Führungspersönlichkeiten, die sich mit Hirn und Ellbogen bis ganz nach oben gekämpft haben und knallhart und rücksichtslos die Interessen ihres eigenen Landes vertreten. Denn jeder in der Politik will vor allem eines: in die Geschichtsbücher eingehen. Oder dass zumindest eine Straße oder ein Platz nach ihm benannt wird. Und wenn das nicht möglich ist, dann wenigstens der neueste Löschzug der freiwilligen Feuerwehr.

Es geht in der Politik darum, trickreicher zu sein als das Gegenüber. Das ist, auch in den Augen des intellektuellen Kissinger, die hohe Schule der Diplomatie. Und das muss ganz offensichtlich eine gewisse Wirkung auf die Frauen im damaligen Amerika gehabt haben: wenn da jemand ganz offensichtlich kein Loser ist, sondern die Rivalen reihenweise aufs Kreuz legt. Wenn dieser Jemand zudem im Weißen Haus regiert und mit anderen Staatschefs spricht, wohingegen der eigene Ehemann vielleicht nur mit dem Mann von der Müllabfuhr redet. Dieser Mann hat es geschafft, dass die Russen und Chinesen plötzlich Kreide fressen? Dass keine amerikanischen Soldaten mehr an die Front müssen? Dass ihre Mütter keine Briefe mehr erhalten, weil ihre Söhne den Heldentod fürs Vaterland gestorben sind? Dieser Mann muss ein *hero* sein! Endlich mal wieder einer, den man bejubeln kann.

Einen solchen Mann wollten viele Frauen gern kennenlernen. Dieser Mann hatte die Hände der Mächtigsten geschüttelt: Mao Tse-tung, Breschnew, Golda Meir, Anwar as-Sadat. Und sogar der Königin von England hatte er die Hand geküsst! Es wäre doch nichts dagegen einzuwenden, wenn er nun einem selbst die Hände küssen würde und man sich ein wenig wie die Queen fühlen könnte ...

Und so tappte Henry in die Venusfalle. Allzu deutlich waren die Signale, die er ständig empfing. Kaum betrat er einen Raum, ruhten die Blicke auf ihm. Und nicht selten begann es im Gespräch mit einer schönen Frau zu knistern. Als bekannt wurde, dass Henry nun auch in Hollywood ein gern gesehener Gast war, begann es in der Gerüchteküche erst recht zu brodeln. Wenn sich nun auch Hollywoodstars mit ihm zeigten – wow, dann musste er ja, mit Verlaub, im Bett eine Rakete sein! Dann musste er auch in Räumen, die nicht mit einem Verhandlungstisch, sondern entspannter möbliert waren, großes Geschick beweisen. Man konnte es den Anwesenden kaum verübeln, wenn sie so dachten.

Im Oktober 1969 gab eine damals sehr populäre US-Filmschauspielerin in Washington eine Einladung zu Ehren der damals bekanntesten US-Feministin Gloria Steinem. Es war das gesellschaftliche Highlight der Saison, mit Gästen aus der New Yorker Society und aus Hollywood. Als Henry Kissinger auf dem Event erschien, fragte ihn Frau Steinem, ob sich in dem braunen Umschlag, den er unter dem Arm trug, wichtige Staatspapiere befänden. »Nein«, erwiderte Henry kokett, »es ist mein Vorabdruck des *Playboy*.« – »Oh, dann sind Sie neben Ihrem Job ein heimlicher Swinger?«, fragte eine freche Klatschreporterin, die in der Nähe stand und mitgehört hatte. »Sie können mich wegen meines Jobs nicht Swinger nennen«, antwortete Henry, »warum nehmen Sie nicht einfach an, ich sei ein heimlicher Swinger?«[39]

Den Abdruck dieser Bemerkung in ihrer Zeitung am nächsten Tag, unterlegt mit einem Foto von Henry mit der hübschen und prominenten Frauenrechtlerin, ließ sich die Klatschreporterin natürlich nicht entgehen. Der dickliche Bücherwurm und Harvard-Professor ein Swinger?! Auf diese Idee war bis dato noch niemand gekommen. Entsprechend beeilte sich die hochintelligente Gloria Steinem, die mit Henry, »dem Swinger«, auf dem Foto prangte, zu dementieren, dass sie je mit ihm eine Affäre gehabt hätte.

Die ersten zwei Jahre im Weißen Haus war Kissinger mehr als lokale Größe bekannt. Das änderte sich allmählich, als er mit Mao Tse-tung kommunizierte. Diesen beobachtete er ebenso genau, wie er Charles de Gaulle, John F. Kennedy und Lyndon B. Johnson beobachtet hatte. Sie alle hatten die Gabe, die Blicke auf sich zu ziehen, wohin immer sie sich bewegten. Diese Kunst wollte auch er beherrschen, und er war auf einem guten Weg dahin.

Ja, Henry Kissinger hatte dicke Brillengläser und einen ebenso dicken fränkischen Akzent. Und auch wenn ihm der Masseur des Weißen Hauses bestätigte, keinen einzigen Muskel in seinem Körper zu haben:[40] Das Äußere ist nicht alles. Henry brillierte mit seinem Witz, seinem Charme, seiner Bereitschaft, kleine Geheimnisse zu teilen, und, zu guter Letzt, seiner phänomenalen Stimme, die ihn fast unwiderstehlich machte. Er machte keinen Hehl daraus, gefallen zu wollen. Und so avancierte er still und heimlich zum Liebling der High Society in Washington.

Wie gesagt, seine wachsende Prominenz war ihm keinesfalls lästig. Als ihn das Schauspielerehepaar Kirk und Ann Douglas, mit denen er sich angefreundet hatte, in Washington besuchte, bat Kirk Douglas um einen diskreten Tisch im hinteren Teil des Restaurants. Als Henry und Nancy etwas verspätet im Restaurant erschienen, bestand Henry auf einem Tisch im vorderen Teil des Restaurants, wo sie von allen Gästen gesehen und begafft werden konnten. Dafür nahm er gern in Kauf, dass er vor lauter Autogrammwünschen kaum zum Essen kam. Er liebte es, berühmt zu sein – endlich!

Entsprechend besuchte er, wenn er in Kalifornien war, nicht mehr nur die Rand Corporation, eine CIA-Denkfabrik in Santa Monica, sondern auch diverse Partys in Los Angeles. Kein Event konnte für ihn glamourös genug sein. Als er erfuhr, dass in Los Angeles das Musical *Gigi* Premiere hatte, ließ er sich Logenkarten besorgen und besuchte die Premiere mit einer der damals hübschesten und angesagtesten Hollywooddiven, Jill St. John. Ein Blitzlichtgewitter war die Folge, und bei mancher Frauenzeitschrift landete das Bild auf der Titelseite. Henry genoss auch das Rätselraten, das hinsichtlich seines Beziehungsstatus zu Jill St. John nun begann. Und umgekehrt tat die Berichterstattung auch einer Diva wie Jill St. John ganz gut. Immerhin war ihr Begleiter einer der mächtigsten Männer Amerikas. Die beiden hatten sich auf einem Dinner von Kirk Douglas kennengelernt, wo sie seine Tischdame gewesen war, und es war eine so tiefe Freundschaft entstanden, dass Henrys Vater besorgt fragte, ob Jill denn auch jüdischen Glaubens sei. Ja, war sie.

Es blieb nicht aus, dass Henry bald auch die mächtigen Filmbosse Hollywoods wie Robert Evans von Paramount kennenlernte und damit auch die unzähligen Starlets, die in den Studios ein und aus gingen. Das bedeutete noch lange nicht, dass Henry tatsächlich auf der Suche nach sexuellen Abenteuern war. Oft und in aller Regel setzte er seine Begleiterinnen zu Hause ab und entschuldigte die Ablehnung einer etwaigen Einladung auf einen Eierlikör mit dem strengen Verbot seiner Bodyguards, deren Obhut in dieser vermeintlich unsicheren Gegend zu verlassen.

Verschiedentlich fragten ihn Journalisten, warum er notorisch mit hübschen Schauspielerinnen ausgehe. Er antwortete: »Weil ich nie eine von ihnen heiraten werde.«[41] Und weil das Flirten für Henry zudem eine wunderbare Abwechslung von seinem trockenen Tagwerk war – einem Tagwerk, das aus Krieg, Bomben, Tod und Unglück bestand. Durch seine Rendezvous konnte er in eine völlig neue Welt eintauchen und vergaß für ein paar Stunden, welchen Ärger er tagein, tagaus bewältigen musste. Welche Verantwortung auf seinen Schultern lastete. Und deshalb war es auch kein gespieltes Interesse, wenn Henry seine Begleiterinnen nach ihren privaten Sorgen und Nöten fragte. Es interessierte ihn wirklich, welche Kümmernisse die einzelnen Menschen hatten, die normalen Leute, denn er war ja von morgens bis abends mit den komplizierten Problemen ganzer Völker beschäftigt.

Die jungen hübschen Schauspielerinnen wussten ihrerseits ganz genau, warum sie sich mit Henry fotografieren ließen. »Ah, dieser mächtige Mann schenkt ihr Beachtung. Dann muss sie auf dem Weg nach oben sein« – so schlussfolgerte die Presse, wenn sie eine der Damen an seiner Seite sah. Es war sozusagen ein Win-win-Deal für beide Seiten.[42] Henry musste den schönen Damen nicht erzählen, was für ein toller Hecht er war. Dies war nie der Gegenstand ihrer Unterhaltungen. Ihm ging es darum, in sie hineinzusehen – es schmeichelte ihm, wenn sie sich ihm anvertrauten. Dann hatte er erreicht, was er wollte. Denn tief in seinem Herzen war und ist er ein Menschenfänger. Ein Menschenfänger aber, der auch zurückgibt. Frauen, die er schätzen gelernt hatte, gab er seine private Telefonnummer. Sie riefen ihn an, auch tief in der Nacht. Und er hörte ihnen zu. Auch wenn es mehr als eine Stunde dauerte. Und er versuchte zu helfen.

Für die Produzenten zahlte sich die Freundschaft zu Henry ebenfalls aus. So brauchte Robert Evans, der gerade den sündhaft teuren Monumentalfilm *Der Pate* abgedreht hatte, Henry als Stargast auf der Weltpremiere des Films in New York. Obwohl ganz Hollywood auf den Beinen war, von Ali MacGraw bis Jack Nicholson, von Raquel Welch bis Liv Ullmann – der absolute Superstar des Abends war: Prof. Dr. Henry A. Kissinger, der Nationale Sicherheitsberater des Präsidenten der Vereinigten Staaten von Amerika. Genau so wurde er hochoffiziell angekündigt. Jeder wollte ein Foto mit ihm, weshalb der Beginn der Vorstellung immer wieder verschoben werden musste. Henry genoss solche Momente. Einmal im Mittelpunkt zu stehen, das hätte er sich nicht träumen lassen. Es kam ihm fast surreal vor. Er, das arme Flüchtlingskind aus Fürth. Er, der Selfmademan. Er, der immer allen Widrigkeiten trotzen musste. Nun stand er hier, einmal mehr in Begleitung der Hollywoodschönheit Jill St. John, und wurde bewundert, obwohl ihn der liebe Gott durchaus athletischer hätte formen können. Obwohl er gern zehn Zentimeter größer gewesen wäre. Obwohl er gern schlanker gewesen wäre und eine Brille getragen hätte, die mit weniger dicken Gläsern bestückt wäre. Ausgerechnet er war nun der »Super K«, wie die *Newsweek* titelte.

Die Krönung des erotisch aufgeladenen Kults, der sich um ihn gebildet hatte, war eine Umfrage des *Playboy*: »Mit wem würden Sie sich am liebsten zu einem Rendezvous verabreden?« Unter allen Alternativen, die angeboten wurden, wurde Henry mit weitem Abstand auf Platz eins gewählt. Er selbst schob dieses Wahlergebnis auf die Macht, die er besaß. »Macht ist das ultimative Aphrodisiakum«, dozierte er.[43]

Lange Zeit verstand es sich von selbst, dass bei Staatsdinnern im Weißen Haus die attraktivsten Frauen an Henrys Seite platziert wurden. Für Liv Ullmann war Henry, neben Ingmar Bergman, der interessanteste Mann, den sie in ihrem Leben getroffen hatte. »Er fasziniert mit einem unsichtbaren Netz«, resümierte sie.[44] Dann jedoch beschwerte sich Präsident Nixon. Er wies den Protokollchef des Weißen Hauses an, neben Henry künftig nicht mehr die glamourösesten, sondern die intellektuellsten Frauen des Abends zu platzieren. Nach Einschätzung fachkundiger Beobachter war Henry jedoch kein Schwerenöter, kein triebgesteuerter Don Juan. Kaum jemand hat je seine Zwei-Zimmer-Junggesellenbude in Washington gesehen, und diejenigen, die sie gesehen haben, berichten von einer spartanischen, geschmacklosen 08/15-Möblierung und chaotischen Unordnung. Ganz bestimmt war dies nicht die Umgebung, die für romantische Verführungen geeignet gewesen wäre.

Natürlich gab es auch Frauen, die sich in ihn verliebten. Eine davon war die französische Journalistin Danielle Hunebelle. Mit ihr pflegte Henry während der Pariser Friedensverhandlungen häufig zu dinieren, ebenso mit der erst 22-jährigen Schauspielerin Jan Golding aus New York, die ihm Kirk Douglas vorgestellt hatte. Als seine Friedensgespräche in Paris nicht länger geheim gehalten werden konnten, wagte er sich mit Jan Golding auch in prominente Lokalitäten, in die er von Horden von Journalisten verfolgt wurde. Da im Lokal Fotografierverbot herrschte und vor der Tür die Hölle loszubrechen drohte, schlug Jan Golding vor, durch den Hinterausgang zu verschwinden und der Fotografenmeute zu entgehen. Nein, entschied Henry und trat mit ihr nicht nur vor den Haupteingang, sondern lief mit ihr noch einige Hundert Meter die Straße entlang, um auch dem letzten Fotografen zu einem verkaufbaren Schnappschuss zu verhelfen.

Bei all den Frauen, wie schön, klug und faszinierend sie auch gewesen sein mögen, gehörte Henrys Herz in Wahrheit nur einer einzigen: Nancy Maginnes, die er erstmals 1964 auf dem Parteitag der Republikaner getroffen hatte. Damals hatte er ihr bereits einen spontanen Heiratsantrag gemacht, den sie allerdings dankend ablehnte. Trotzdem blieb sie seine heimliche Liebe, die an vielen Wochenenden von New York nach Washington flog und dort meist im Hay-Adams-Hotel in der Nähe des Weißen Hauses nächtigte. Sie war jedoch eine Frau, die seine Liebe zur Publicity in keiner Weise teilte. In diesem Punkt hätten sie unterschiedlicher nicht sein können. So sehr er die Presse liebte, so sehr verabscheute sie diese. Natürlich entgingen ihr auch Henrys nicht enden wollende Eskapaden nicht – die Zeitungen waren ja voll davon. Und Henry machte auch keinerlei Anstalten, sie zu verbergen. Allerdings war Nancy Maginnes klug genug, ihm keine Verbote aufzuerlegen – bis auf eines: New York, ihre Stadt, blieb eine eskapadenfreie Zone. »Hier gehst du mit keiner anderen Frau aus. New York ist für dich ein starletfreier Raum«, gebot sie ihm. Und er hielt sich daran.

Ansonsten ließ Nancy ihn an der langen Leine. Vielleicht glaubte sie an das Sprichwort: »Hunde, die bellen, beißen nicht.« Sie wusste genau: Irgendwann hat er sich die Hörner abgestoßen. Und sie sollte recht behalten.

Nancy Maginnes

Am Samstag, den 30. März 1974 heirateten Henry A. Kissinger und Nancy Sharon Maginnes. Er war fünfzig, sie vierzig. Die Zeremonie fand am Washington National Airport statt und wurde von Richter Francis durchgeführt. Nancys mittlerweile verwitwete Mutter nahm teil, auf Henrys Seite dessen Kinder, die ihn gerade eine Woche lang auf einer Reise nach Moskau begleitet hatten, und sein Bruder Walter mit Frau. Henrys Eltern fehlten, da es orthodoxen Juden verboten ist, an einem Samstag zu reisen. Da Nancy keine Jüdin war, sondern episkopalen Glaubens, fehlte ihnen jegliche Motivation, ausnahmsweise gegen ihre Glaubensregeln zu verstoßen. Eigentlich war die Hochzeit schon ein halbes Jahr vorher geplant gewesen, hatte wegen des Jom-Kippur-Krieges aber verschoben werden müssen. Doch nun hatte es funktioniert. Das galt auch für die Flitterwochen, die das Paar in Acapulco auf dem märchenhaften Anwesen des mexikanischen Tycoons Eustaquino Escandon verbrachte. Nelson Rockefeller lieh ihnen für die Hochzeitsreise seinen Privatjet. Behütet wurden die Turteltauben von zwölf Bodyguards und zwanzig mexikanischen Polizisten. Hinzu kam eine Horde von vierzig Reportern, die sich nach Kräften bemühten, die Zweisamkeit des Hochzeitspaares nicht zu privat werden zu lassen.

Nancy, geboren in New York City, stammt aus einer angesehenen Familie der amerikanischen Ostküstenoberschicht, was durchaus mit europäischem Hochadel vergleichbar ist. Ihr Vater, Albert Bristol Maginnes, war erfolgreicher Anwalt und Vermögensverwalter, ihre Mutter Agnes eine namhafte Wohltätigkeitsaktivistin. Nancy wuchs mit ihren beiden Brüdern in New York und auf einer acht Hektar großen Farm in White Plains auf, dem elterlichen Landsitz außerhalb New Yorks. Sie war äußerst hübsch und brachte es zudem auf eine Körpergröße von 1,83 Meter, zudem machte sie ihren Master an der Universität von Michigan. Anschließend wechselte sie an die Berkeley-Universität in Kalifornien, um dort zu promovieren. Während ihrer Semesterferien arbeitete sie als Rechercheurin im Büro von Nelson Rockefeller in Manhattan, wo sie Henry zum ersten Mal begegnete. Gefunkt hat es dann erst später während des Wahlkongresses in San Francisco.

Es dauerte eine ganze Weile, bis er ihre Aufmerksamkeit gewann. Sie lud ihn nach Berkeley ein, um dort vor

Studenten zu sprechen, man traf sich in New York. Aber die Beziehung entwickelte sich zäh. Sicher war Henry anfangs nicht so ganz der Typ, den sich eine 1,83 Meter große Tochter aus allerbestem Hause zum Mann wünschte. Er war ein Emporkömmling aus einer Einwandererfamilie, der, bedingt durch seinen breiten fränkischen Akzent, eine gänzlich andere Sprache sprach als die High Society der Ostküste. Er war, zurückhaltend ausgedrückt, nicht gerade ein Adonis und zudem erheblich kleiner als sie. Wenn sie hohe Absätze trug, war sie fast zwei Köpfe größer als er. Also ergaben sie schon rein optisch kein Traumpaar. Er spielte weder Golf noch Polo, keine der Sportarten der Ostküstenelite. Nicht einmal reiten konnte er, wohingegen sie schon als Kind ein Pony besessen hatte. Und es war offensichtlich, dass er weder das kleine noch das große Einmaleins der High Society beherrschte. Warum sollte sie ihm all das erst beibringen wollen, was in ihren Kreisen selbstverständlich war? Und was würden ihre Eltern sagen, wenn sie ihn mit nach Hause brachte?

Andererseits war ihr ein Typ wie Henry noch nie über den Weg gelaufen. Wenn man sich erst einmal an seinen Dialekt gewöhnt hatte, klang er eigentlich ganz verführerisch. In Kombination mit seiner tiefen Stimme sogar *sehr* verführerisch. Und dann kamen sein Charme und sein überragender Intellekt dazu. Da konnte keiner, den sie kannte, mithalten. Sie dachte an Jacky Kennedy, die Aristoteles Onassis verfallen war, der auch mindestens einen Kopf kleiner war als sie. Sicher hatte diese Liebe nicht ausschließlich mit seinem Reichtum zu tun. Es müssen auch Onassis' Charme und seine überragende Intelligenz gewesen sein, die ihrer feinen Ostküstenerziehung bedeuteten, es könnte vielleicht doch funktionieren: der ungehobelte griechische Reeder und das vornehme Mädchen aus bester amerikanischer Ostküstenfamilie.

Nun war Nancy um einiges schlauer als Jacqueline Kennedy. Sie heiratete nicht überstürzt. Henrys ersten Heiratsantrag wies sie zurück. Aber sie kam auch nicht von ihm los, denn er blieb hartnäckig am Ball. Nicht nur die Frau selbst hatte es ihm angetan, ihm gefiel ihr ganzer kultureller Hintergrund. Sie entstammte allerfeinsten Kreisen, benahm sich mit einer Selbstverständlichkeit immer genau so, wie man sich zu benehmen hatte. Sie war gekleidet und zurechtgemacht, wie es der Oberschicht nun einmal entsprach. Sie hatte Stil und Geschmack, kannte die richtigen Leute und war Mitglied in den wichtigsten Klubs – jenen eben, zu denen Emporkömmlingen der Zutritt sonst verwehrt blieb. »Kannst du dir das vorstellen – sie ist Mitglied im Colony Club und will mich heiraten?«, fragte Henry voller Ehrfurcht einen Freund.[45]

Nancy verkörperte alles, wohin er wollte. Sie bot ihm, was er bei Ann Fleischer, seiner ersten Frau, vermisst hatte. Nancy war die Inkarnation einer Lady – einer Dame wie aus dem Bilderbuch. Eine perfekte Gastgeberin für Personen aus den allerhöchsten Kreisen. Perfekt im Small Talk, perfekt in einer ernsthaften Konversation. Eine, die nicht selbst kochte, aber die besten Köche kochen ließ. Und die nicht selbst bediente, sondern diese Aufgabe adretten Saaltöchtern mit gestickten Schürzen und adretten Häubchen übertrug. Sie erklärte ihm, was ein Maßanzug war und kosten durfte. Bisher hatte er nur von der Stange getragen. Sie war für ihn der Schlüssel, um auch die letzte Bastion nach oben noch zu erklimmen. Denn da wollte er hin: ganz nach oben. Bis es nicht mehr weiter nach oben ging. Und dazu brauchte er die passende, kongeniale Frau an seiner Seite.

Zehn Jahre sollte es dauern, bis Nancy endlich bereit war, Ja zu sagen. Zehn Jahre, in denen sich Henry entwickelte. Vom Harvard-Professor zum einflussreichen Berater von Nelson Rockefeller und schließlich zu dessen Freund. Und dann der große Sprung zum Nationalen Sicherheitsberater des Präsidenten der Vereinigten Staaten, zum Bauherrn des Friedens in Vietnam und schließlich zum Träger des Friedensnobelpreises 1973. Eine atemberaubende Karriere, eine Entwicklung, die auch den feinsten Kreisen der amerikanischen Ostküste höchste Anerkennung abverlangte.

Niemand in diesen Kreisen hatte es weiter gebracht als er, der Immigrant Henry Kissinger. Und deshalb, das wusste Nancy, würde auch niemand mehr die Nase rümpfen, wenn sie mit ihm den Bund fürs Leben schloss. Das war ihr wichtig. Und wenn die Damen und Herren aus den feinen Kreisen nicht nur die Nase nicht rümpften, sondern ihr zu ihrer Wahl ehrlichen Herzens gratulierten, sie insgeheim sogar bewunderten, dann sollte ihr das recht sein. Es war eine Genugtuung für sie – schließlich war sie die

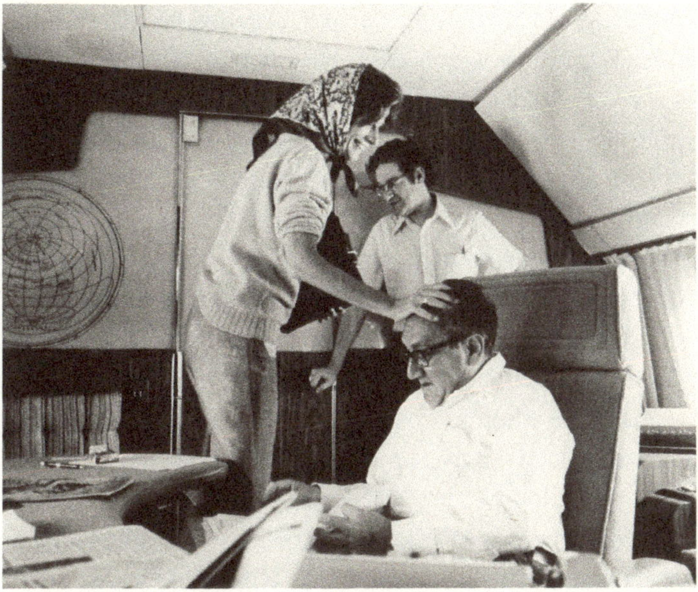

Nancy Maginnes und Henry Kissinger 1975 auf einem Flug zwischen Israel und Ägypten.

Einzige in dieser »High Snobiety«, die Henrys Potenzial schon vor zehn Jahren erkannt hatte. Diesen Rohdiamanten, den sie, zumindest ein wenig, mitgeholfen hatte, in vollem Glanz funkeln zu lassen. Mochten ihre Freundinnen Männer ergattert haben, die Golf spielten, ritten oder jagten – keine hatte einen Henry Kissinger. Sie, die als lange Bohnenstange verspottet worden war, hatte fraglos den dicksten Fisch an Land gezogen.

Ob Henrys Muskeln nun aus Fett bestanden oder nicht, ob er Golf spielte oder nicht, war hierbei gar nicht so wichtig.

Laut *Playboy*-Umfrage war er der begehrteste Mann Amerikas. Das zählte schon eher. Und der berühmteste Mann Amerikas. Und dieser berühmte, allseits begehrte Mann wollte ausgerechnet sie heiraten, Nancy Sharon Maginnes, 1,83 Meter groß, keine Schönheit nach griechisch-römischen Maßstäben. Es war gar nicht so leicht, diese Erfahrung hatte sie schon gemacht, einen Mann zu finden, der keinen Anstoß an ihrer Größe nahm. Henry kümmerte das glücklicherweise nicht. Und vierzig war sie auch schon. Auch das kümmerte ihn nicht. Wie konnte sie da Nein sagen?

Als seine Ehefrau zog Nancy nach Washington. Zuvor musste jedoch noch ein einigermaßen standesgemäßes Haus gefunden werden, das Nancy sehr stilvoll einrichtete und wo die beiden regelmäßige Abendessen veranstalteten, die bald zu den gesellschaftlichen Highlights in Washington zählten. Nancy brillierte in ihrer neuen Rolle als First Lady des Außenministers. Und Henrys Rendezvous mit den Schauspielerinnen fanden nicht mehr statt. Er hatte sich, wie Nancy prophezeit hatte, die Hörner abgestoßen.

Der Aussenminister

Eigentlich hatte Henry Nancy versprochen, nach der vierjährigen Amtsperiode als Nationaler Sicherheitsberater des Präsidenten mit der Politik aufzuhören. Dann aber kam der triumphale Wahlsieg Nixons im Jahr 1972, an dem Kissinger einen erheblichen Anteil hatte, und daraufhin das

Angebot Nixons weiterzumachen. Da konnte man, das sah selbst Nancy ein, nicht Nein sagen.

Henry machte sich Hoffnungen, in der neuen Amtsperiode zum Außenminister befördert zu werden. Er würde nur Geduld haben müssen, bis der Präsident den aktuellen Außenminister William Rogers abservierte. Und siehe da: Mitte September 1973 war es so weit. Nixon veranlasste Rogers, ihm in Camp David sein Rücktrittsschreiben zu übergeben. Nun war der Weg für Henry frei. Der Präsident ließ ihn nach San Clemente kommen, in die Dependance des Weißen Hauses in Kalifornien. Henry brachte seine Kinder mit, Elisabeth (13) und David (12). Es war Ferienzeit. Mrs. Nixon lud alle ein, im Pool zu baden, und so planschten alle friedlich vor sich hin, der Präsident entspannt auf dem Rücken. Er sprach von einer Pressekonferenz, die er zu geben gedachte. Welche Fragen er wohl beantworten müsse? Und dann: »Ich werde die Pressekonferenz mit der Ankündigung beginnen, dass ich dich, Henry Kissinger, zu meinem neuen Außenminister ernenne.«[46]

Henry war nicht überrascht. Er wusste, der Präsident steckte wegen der Watergate-Affäre in größten Schwierigkeiten. Er musste der Presse etwas Positives liefern. Und den Mann zum Außenminister zu machen, dessen Politik über achtzig Prozent der Amerikaner vertrauten, das war eine sehr positive Nachricht.

»Ich hoffe, Ihr Vertrauen zu rechtfertigen, Mr. President«, bedankte sich Henry kurz. Mehr brachte er nicht heraus. Aber er war voller Glück – endlich hatte er erreicht, was er erstrebt hatte. Das höchste Amt, das man als Einwanderer in den USA erklimmen kann. Eine solche Ehre muss man mit Demut entgegennehmen. Und das tat er auch.

Kissingers Vereidigung als Außenminister fand ein paar Monate nach seinem fünfzigsten Geburtstag statt. Dieser Geburtstag war gleichzeitig der Höhepunkt seiner Popularität. Das Umfrageinstitut Gallup, Nummer eins in den USA, wählte ihn zum »am meisten bewunderten Amerikaner«. Die *New York Times* betitelte ihn als »Öffentliche Berühmtheit Nr. 1«. Seine Politik wurde von fünfundachtzig Prozent der Amerikaner gutgeheißen.[47] Traumwerte, wie sie kein Politiker vor oder nach ihm je wieder erreichte. Die Geburtstagsgala fand im vornehmen New Yorker Colony Club statt und war von Nancy Maginnes organisiert. Das Who's who Amerikas war geladen und gekommen. Die Festansprache hielt Nelson Rockefeller, der darüber nachdachte, ob die Geschichte Männer mache oder umgekehrt Männer Geschichte. »Henry hat diese Frage beantwortet: Männer machen Geschichte«, fuhr Rockefeller fort. Und Barbara Walters, Amerikas berühmteste Fernsehmoderatorin, stellte in ihrer Rede fest: »Henry hat unzähligen Frauen dadurch zu Karrieren verholfen, dass sie beim Dinner einfach neben ihm saßen.«[48] Der Abend endete in Nancys Apartment in der 68 East Street, wo Henry allerdings nur kurz verweilte.

Er beschloss den Monat auf der Hochzeitsfeier seiner Ex-Frau in Cambridge. Sie heiratete in zweiter Ehe den Chemieprofessor Saul Cohen, einen Witwer, dessen Neigung zur Häuslichkeit wesentlich ausgeprägter war als Henrys.

Am 21. September 1973 fand die Vereidigung von Prof. Dr. Henry A. Kissinger zum US-Außenminister im East Room des Weißen Hauses statt. Etwa hundertfünfzig Freunde und Verwandte waren geladen, zuvorderst Henrys Eltern, seine Kinder, sein Bruder Walter mit Frau und Kindern, Fritz Kraemer, Nelson Rockefeller, Kirk Douglas und Robert Evans. Die meisten im Raum hatten Tränen in den Augen, als noch einmal daran erinnert wurde, dass die Familie Kissinger erst vor fünfunddreißig Jahren mit nicht viel mehr als den Kleidern am Leib in die USA eingereist war. Als Henrys Mutter, Paula Stern, gefragt wurde, weshalb ausgerechnet sie keine feuchten Augen habe, antwortete sie: »Weil Henry es mir verboten hat.«[49] Aber sie hielt die Bibel, auf der Henry seinen Amtseid schwor, fest und graziös zugleich in der Hand. Sie und ihr Mann Louis waren, obwohl es Sabbat war, ins Weiße Haus gekommen, allerdings von einem nahe gelegenen Hotel zu Fuß. Nixon bemerkte in seiner Ansprache, dass Henry nicht der erste Immigrant in der Geschichte der USA sei, der in dieses Amt berufen werde, aber der erste seit dem Zweiten Weltkrieg. Und der erste, der seinen Job als Nationaler Sicherheitsberater behalten durfte, also Nationaler Sicherheitsberater und Außenminister in Personalunion war. Der Senat, der Kissinger noch in seinem Amt bestätigen musste, tat dies mit einem in der Historie der USA denkwürdigen Votum von achtundsiebzig zu sieben.

Rund ein Jahr nach Henrys Vereidigung als Außenminister musste Präsident Nixon im Zuge der Watergate-Affäre am 7. August 1974 zurücktreten. Ihm folgte Präsident Gerald Ford. Nixon empfahl seinem Nachfolger, Kissinger als Außenminister und Sicherheitsberater zu übernehmen.

Und tatsächlich behielt Henry Kissinger sein Amt bis Ende der Legislaturperiode 1977. Nach Ford wurde der Demokrat Jimmy Carter ins Amt gewählt. Kissingers Karriere als Außenminister war damit beendet, obwohl er noch eine Zeit lang hoffte, sein Amt auch unter einem demokratischen Präsidenten zu behalten. Er hielt sich für geradezu unersetzlich, nachdem er acht lange Jahre die Außen- und Sicherheitspolitik der USA geleitet und verantwortet hatte. Acht Jahre, in denen unendlich viel passiert war.

Henrys Dienstjet war die ehemalige Air Force No. 1 von Präsident Lyndon B. Johnson, die mit einem großen Konferenzraum, einem Schlafabteil für Henry und einem Duschbad ausgestattet war. Im hinteren Teil des Flugzeugs war Platz für siebzehn Journalisten und sechsunddreißig Bodyguards. Außerdem mussten stets zwei gepanzerte Lincoln-Limousinen mittransportiert werden. Henry lebte häufig in diesem Flugzeug, so etwas wie Jetlag kannte er nur vom Hörensagen. Ohnehin benötigte er nur sehr wenig Schlaf, maximal sechs Stunden. Begriffe wie »Pendeldiplomatie« oder auch »Pingpong-Diplomatie« sind Substantive, die während seiner Amtszeit erfunden wurden und seine rastlose Art und Weise des Verhandelns beschreiben.

Selbstverständlich kann die politische Tätigkeit Henry Kissingers nicht nur positiv, sondern auch extrem kritisch beurteilt werden. Darüber ist bereits viel geschrieben worden. An dieser Stelle soll keine Bewertung vorgenommen werden, aber wir können vielleicht einige Meilensteine benennen, die in den acht Jahren als Nationaler Sicherheitsberater und Außenminister seinen Weg markierten.

Kleine Kuba-Krise September 1970

US-amerikanische Aufklärungsflugzeuge hatten entdeckt, dass Kuba an seiner Südküste in der Bucht von Cienfuegos eine Unterwasser-Marinebasis baute. Hier würden Atom-U-Boote gewartet und beladen werden können. Kissinger gelang es, die Sowjets von der Fertigstellung der Basis abzuhalten und eine zweite große Kubakrise zu verhindern.

Vietnamkrieg

Eine Erblast aus den Präsidentschaften Kennedys und Johnsons, die Kissinger und Nixon bei Amtsantritt übernehmen mussten. Kissinger als Verhandlungsführer der USA brachte diesen erbitterten Krieg, an dem auch Russland und China beteiligt waren, zusammen mit dem Nordvietnamesen Le Duc Tho im Vertrag von Paris am 27. Januar 1973 nach dreijährigen Geheimverhandlungen zum Abschluss. Der Vertrag wurde von den Präsidenten Nord- und Südvietnams unterzeichnet. Kissinger und Le Duc Tho erhielten hierfür den Friedensnobelpreis.

Kissinger (re.) bei Verhandlungen mit nordvietnamesischen Vertretern 1973 in Paris.

Jom-Kippur-Krieg (6.–23.10.1973)

Im Sechs-Tage-Krieg (1967) hatte Israel die Golanhöhen und weite Teile des Sinai erobert. Im Jom-Kippur-Krieg wollten Ägypten und Syrien diese Gebiete zurückerobern.

Kissinger initiierte mit der Genfer Nahostkonferenz das erste direkte Zusammentreffen der Kriegsparteien. Kissinger gelang eine Befriedung nach vierunddreißig Tagen in Nahost und einundvierzig Flügen zwischen den Verhandlungsorten. Nur einmal in Amerikas Geschichte war ein Außenminister bisher so lange am Stück im Ausland gewesen. Dies war nach Ende des Ersten Weltkriegs gewesen, als Außenminister Lansing in Versailles den Friedensvertrag mit Deutschland aushandeln musste. Kissinger wurde zu Hause triumphal empfangen. Das *Time Magazine* schrieb: »Der Wunderarbeiter macht es wieder«, und der designierte israelische Außenminister, ein ehemaliger Student Henrys in Harvard, erklärte ihn zum »Außenminister des Jahrhunderts«.[50]

Erste Begegnung mit Mao Tse-tung

Nach entsprechender Vorbereitung besuchten Kissinger und Nixon China erstmals im Februar 1972. Zuvor gab es keine offiziellen Beziehungen der beiden Länder, sodass dieser Besuch das Etikett »historisch« verdiente. Außenminister und Präsident wurden von Premierminister Zhou Enlai am Flughafen begrüßt und von Mao Tse-tung in dessen bescheidenem Haus in Pekings imperialem Bezirk empfangen. Alle relevanten Themen wurden besprochen, etwa die Beziehungen der beiden Länder zu Taiwan, Vietnam und Russland.

Außenminister Henry Kissinger (li.) und der chinesische Premierminister Zhou Enlai bei einem Getränk 1973.

Die geheime Moskaureise Kissingers im April 1972 und das Gipfeltreffen in Moskau im Mai 1972

Dieser Trip diente hauptsächlich der Vorbereitung eines für Mai 1972 geplanten Gipfeltreffens von Nixon und Breschnew, aber auch dem nachhaltigen Versuch Kissingers, den Vietnamkrieg zu beenden. Denn der Hauptlieferant der Waffen für die Vietcong in Vietnam waren die Russen. Kissinger gelang es, Breschnew zu überreden, den Nordvietnamesen eine amerikanische Botschaft zu übermitteln, wie der Vietnamkrieg beendet werden könne. Dies war eine diplomatische Sensation, denn damit machten die Russen offenbar, dass sie mit den Amerikanern Friedensgespräche führten – und damit eine mittelbare Kriegspartei waren.

Als Kissingers Geheimtrip nach Moskau ruchbar wurde und ihn ein Reporter fragte, weshalb er in Moskau gewesen sei, antwortete er: »Für Kaviar mache ich alles.«[51]

Das SALT-I-Abkommen

Das von Henry vorbereitete Gipfeltreffen begann am 22. Mai 1972 und dauerte eine Woche. Vor allem sprach man über den bahnbrechenden SALT-I-Vertrag (*Strategic Arms Limitation Talks*), dessen Unterzeichnung am 26. Mai 1972 kurz vor Mitternacht im grün-goldenen Wladimirsaal des Großen Kremlpalasts stattfand. Nach der Unterzeichnung übergab Nixon den Parker-Füller, mit dem er unterzeichnet hatte, an Kissinger, dem das Hauptverdienst für dieses Vertragswerk zukam. Das Abkommen limitierte antiballistische Lenkwaffen-Abwehrsysteme (ABM) und verbot die Entwicklung offensiver Lenkwaffensysteme für die nächsten fünf Jahre. Dies sollte auch für Raketen gelten, die von U-Booten abgefeuert wurden.

Während ihres Aufenthalts in Moskau wurden Nixon und Kissinger in den Gemächern des Zaren am Roten Platz untergebracht. Am Tag nach der SALT-Vertragsunterzeichnung lud Breschnew die US-Delegation in seine Datscha auf dem Land ein, die etwa vierzig Autominuten außerhalb von Moskau und direkt an der Moskwa lag. Unmittelbar nach der

Ankunft überrumpelte Breschnew Nixon mit einer Fahrt auf einem Tragflächenboot. Dann wurde beim Mittagessen das Thema Vietnam in den Mittelpunkt der Gespräche gerückt. Es wurde ersichtlich, dass auch die Sowjets an einer Beendigung dieses endlosen, blutigen und teuren Krieges interessiert waren. Das Interesse vergrößerte sich noch, als Nixon und Kissinger Breschnew den Abschluss eines Grundlagenvertrages zwischen Russland und Amerika in Aussicht stellten, eines Vertrages, in dem die wirtschaftlichen Beziehungen der beiden Länder neu geregelt, das heißt nachhaltig verbessert werden sollten. Dieser Schachzug half den USA erheblich, die Sowjets zu einem Entgegenkommen bei den Vietnamgesprächen zu veranlassen.

Am Ende der Reise schrieb die *Chicago Sun-Times*: »Henry Alfred Kissinger hat aufgehört, ein Phänomen zu sein. Er ist eine Legende geworden, und dieses Wort wählt man nicht leichtfertig. Er ist der vollkommene Kosmopolit, bodenständig, ohne anzugeben, selbstbewusst ohne Selbstgefälligkeit. Der Mann, dem man nachsagt, ein Frauentyp zu sein, hat zweifellos allen trockenen, mit Eulenaugen ausgestatteten, übergewichtigen und mittelalten Junggesellen des Landes Hilfe geleistet und Hoffnung gegeben.«[52]

Auf dem Rückflug machten Kissinger und Nixon einen Zwischenstopp in Teheran, um mit dem Schah von Persien zu plaudern. Henry, der seine neue Berühmtheit sichtlich genoss, nahm nach dem dienstlichen Teil der Reise gern eine Einladung in einen lokalen Nachtklub an. Ebenso aufmerksam wie fachkundig verfolgte er die Bauchtanzvorführung der für ihre Schönheit und ihre schlangenhaften Hüftbewegungen berühmten Bauchtanzkünstlerin Nadja. Noch in seinem ehrlichen, anerkennenden Applaus versunken, kreuzte Henrys Blick jenen der Künstlerin Nadja, die dessen kurze optische Fixierung als Einladung zu einem Besuch an seinem Tisch deutete. Kurzerhand stöckelte sie auf ihn zu und ließ sich ohne Vorwarnung kokett auf seinem Schoß nieder, was für die anwesenden Fotografen natürlich der Hauptgewinn war. Nadja setzte auf seinen Oberschenkeln ihre kreisenden, schlangenhaften Hüftbewegungen fort – eingedenk der surrenden Kameras gebot Henry diesem frivolen Treiben jedoch unverzüglich Einhalt. Das ging dem Sohn eines orthodoxen jüdischen Gymnasiallehrers dann doch zu weit. Als er später gefragt wurde, was er denn mit Nadja gesprochen habe, erwiderte er: »Nadja ist sehr an Außenpolitik interessiert. Ich habe ihr erklärt, wie SLBMs von einem G-Klasse-Unterseeboot auf Y-Klasse-U-Boote verlagert werden können. Ich möchte die Welt für sie sicherer machen.«[53] Das Foto wurde von zahlreichen US-Zeitungen auf dem Titelblatt gedruckt, unter anderem in der *Washington Post*. Einmal mehr war Henry der Playboy der Nation.

Zu Besuch bei Breschnew

Im Mai 1973 unternahm Kissinger eine weitere Moskaureise, um Breschnews Besuch in den USA im Juni 1973 vorzubereiten. Es waren Stationen in Washington, Camp

David und in Kalifornien geplant, und zwar in Nixons Haus in San Clemente. Auch in Moskau hatten sich Kissingers Ruhm und sein Bedeutungszuwachs herumgesprochen. Deshalb wurde er de facto wie ein Staatsoberhaupt empfangen.

Breschnew ließ ihm eine Ehre zuteilwerden wie bisher noch kaum einem ausländischen Besucher. Er lud ihn in sein Allerheiligstes ein, sein etwa hundertfünfzig Kilometer von Moskau entferntes Jagdhaus, das enorme Dimensionen besaß. Es war mit einem Kino, einem fünfzig Meter langen Swimmingpool, diversen Saunen, Dampfbädern, einer Kegelbahn, einem Schießstand und einer Anlage zum Tontaubenschießen ausgestattet. Zahlreiche Gästehäuser gruppierten sich um das riesige Haupthaus. Auch die Sessel, Couchen und Tische waren in XXL-Größe gehalten, als bewegten sich in dem befriedeten Besitztum nur zentnerschwere Bewohner mit ausladenden Gesäßen. Die Wände waren mit Jagdtrophäen tapeziert, überall lagen Bärenfelle herum. Prunkstück war ein etwa zweieinhalb Meter großer ausgestopfter Bär. Breschnews Brust schwoll förmlich vor Stolz, als er Kissinger und seinen Begleitern schilderte, wie er dieses Ungetüm erlegt hatte.

Dann wollte er von Henry wissen, wie viel Dollar ein so prachtvolles Jagddomizil, wie er es besaß, in den USA wohl kosten würde. Henry, der keine Ahnung von Immobilienpreisen hatte, da er sich bislang ausschließlich für Außenpolitik, aber nicht für Wohnungen interessiert hatte, murmelte etwas von einer halben Million, worauf sich

Breschnews Miene enttäuscht verfinsterte. Gottlob sprang Henry einer seiner Mitarbeiter bei und erklärte beflissen: »Herr Staatspräsident, so etwas Schönes gibt es in Amerika nicht, und wenn, dann wäre es unbezahlbar. Zehn Millionen Dollar mindestens!« Schlagartig hellte sich Breschnews Miene auf, und er begann voller Stolz zu strahlen. Das hatte er hören wollen, genau das. Die Stimmung war gerettet.[54]

Beseelt trank Breschnew beim Abendessen einen Wodka nach dem anderen. Schließlich gab es sein Leibgericht, Bärenfleisch mit kaukasischen Mehlkartoffeln und Preiselbeeren. In seiner Tischrede brachte er die Hoffnung zum Ausdruck, dass Russland und die USA zu einer gedeihlichen Koexistenz fänden. Und zur Feier des Tages lud er Henry für den nächsten Tag auf die Jagd ein, genauer gesagt zur Wildschweinjagd. Henry, der als Jäger vollkommen unerfahren war, lehnte dankend ab, doch damit gab sich sein Gastgeber nicht zufrieden.

Schließlich handelten sie einen Kompromiss aus, der darin bestand, dass Henry Breschnew lediglich auf die Jagd begleiten würde. Das war für Henry zur Erforschung von Breschnews Charakter interessant, denn willfährige Jagdhelfer streuten Unmengen von Mais auf einen Weg, der von den Wildschweinrevieren direkt zu dem Hochsitz führte, auf dem sich Breschnew und seine Jagdgefährten verschanzten. So war es dem obersten Anführer der Arbeiter und Bauern der Sowjetunion ein Leichtes, Beute zu machen. Trotzdem schoss der Parteisekretär eine Sau nur waidwund, und die als Jagdhelfer getarnten Rotarmisten mussten den Rest erledigen.

Anschließend lud Breschnew Henry zu einem Picknick am Ufer eines Flusses ein und erzählte von seiner Jugend. Er kam aus armen Verhältnissen, seine Mutter hatte ihm nicht glauben wollen, dass er es bis an die Spitze der Kommunistischen Partei, bis an die Spitze des Staates gebracht hatte. Erst als er sie hierher in sein luxuriöses Jagdrefugium einlud, war sie geneigt, ihm zu glauben. »Aber bist du auch noch Kommunist?«, wollte sie wissen.[55]

Dann kam Breschnew auf China zu sprechen. Das stetige Wachstum, die zügellose Aufrüstung dieses kommunistischen Bruderlandes besorgten ihn. Henry beschwichtigte ihn mit der Aussage, es sei deshalb umso wichtiger, dass Amerika und Russland nun Friedensgespräche führten.

Zurück in Washington wollte die neugierige Pressemeute wissen, was er denn eine Woche lang in Russland getan habe. Als er berichtete, dass ihn Breschnew zur Jagd eingeladen habe, wurde er natürlich sofort gefragt, ob er selbst etwas erlegt habe. »Nein«, antwortete Kissinger, »ich handelte als sein spezieller Berater.« – »Haben Sie geschossen?«, bohrten die Journalisten weiter. »Nein, ich beriet ihn, wie er sich auf der Jagd verhalten sollte.« – »Sie meinen, wo er mit dem Gewehr hinschießen sollte?« – »In welche Richtung. Unwissenheit hat einen Harvard-Professor noch nie davon abgehalten, Ratschläge zu erteilen.«[56]

Genfer Friedenskonferenz

Im November 1973 reiste Henry Kissinger erstmals in ein arabisches Land. Henry benötigte Ägypten, um seinen Friedensplan für das ewig brodelnde Pulverfass im Nahen Osten auf den Weg zu bringen. Also besuchte er Anwar as-Sadat in Kairo, um ihn für seine Idee zu gewinnen. Dies gelang ihm. Nicht überreden konnte er allerdings den syrischen Präsidenten, dessen Stuhl bei der Genfer Konferenz leer blieb – er hatte seine Teilnahme von einer vorherigen Räumung besetzter Gebiete durch die Israelis abhängig gemacht.

Gleichwohl konnte Henry die Konferenz als Erfolg verbuchen. Es war das erste Mal seit 1948, dass sich die Israelis und die Araber physisch gegenübersaßen und so ein wertvoller Gesprächsfaden gesponnen wurde. Außerdem war es ihm gelungen, die Friedensgespräche ohne Beteiligung der Sowjetunion zu führen.

Am 23. November 1974 landeten Präsident Ford und Kissinger dann gemeinsam in Wladiwostok. Es war bitterkalter Winter. Die Gespräche, bei denen es um den SALT-II-Vertrag ging, fanden in einem vormaligen Sanatorium statt, das Präsident Ford wie eine Jugendherberge vorkam. Ziel der Verhandlungen war eine beiderseitige Begrenzung der Bomber und Raketen auf je 2400 Stück.

Mit der Unterzeichnung durch den amerikanischen Präsidenten Gerald Ford (li.) und den sowjetischen Parteichef Leonid Breschnew (re.) am 24.11.1974 in der Nähe von Wladiwostok erreichte Kissinger (li. hinter Ford) einen Durchbruch bei den Verhandlungen über eine Begrenzung der strategischen Rüstung (SALT).

Kissinger, der die Verhandlungen während einer neuerlichen Moskaureise vorbereitet hatte, dominierte die Gespräche in solcher Weise, dass sich die Russen schon fragten: »Wer ist eigentlich dieser Ford? Immer wenn es zur Sache geht, schaut er Kissinger an, der dann das Wort führt.«[57] Hiervon ließ sich sogar Breschnew anstecken, der sich einen kniffligen Punkt der Verhandlungen lieber von Kissinger als von seinem eigenen Berater erklären ließ.

Man einigte sich darauf, dass nach Klärung letzter Details der SALT-II-Vertrag in den USA unterzeichnet werden sollte, was allerdings während der Amtszeit Kissingers nicht mehr geschah.

Das Ende eines legendären Aussenministers

Da die Popularitätswerte von Präsident Ford kurz vor den anstehenden Wahlen dramatisch gesunken waren, entschloss sich dieser im November 1975 zu einer umfassenden Erneuerung seiner Regierung, die als »Halloween-Massaker« bezeichnet wurde. Verteidigungsminister Schlesinger wurde gefeuert. Dies kostete Henry Kissinger die Freundschaft seines alten Mentors Kraemer, der dessen Berater und glühender Anhänger gewesen war und nun mutmaßte, dass Kissinger hinter der Entlassung stand. Neuer Verteidigungsminister wurde Donald Rumsfeld. Dick Cheney, später im Kabinett Bush Verteidigungsminister, wurde Chief of Staff im Weißen Haus. George Bush sen., bis dahin US-Botschafter in China, wurde neuer CIA-Chef.

Kissinger verlor seinen Posten als Nationaler Sicherheitsberater und wurde in dieser Funktion durch seinen bisherigen Stellvertreter Brent Scowcroft ersetzt. Er blieb jedoch Außenminister.

Als Portugal beschloss, seine Kolonie Angola am 11. November 1975 in die Unabhängigkeit zu entlassen, hatten sich verschiedene politische Gruppierungen gebildet, welche die Macht übernehmen wollten. Da Angola ein rohstoffreiches Land ist, streckten auch die Sowjets ihre Fühler aus. Um nicht direkt involviert zu sein, veranlassten sie das verbündete Kuba, Soldaten in das Land zu senden und dort für die Volksbewegung MPLA zu kämpfen, die in Angola eine kommunistische Staatsform errichten sollte. Dies gelang auch, und Henry Kissinger und Amerika hatten das bittere Nachsehen, da es ihnen, noch traumatisiert von Vietnam, an Entschlossenheit fehlte, dem Treiben der mit russischen Waffen agierenden Kubaner militärisch entgegenzutreten.

Die Entwicklung in Angola rüttelte die Geldgeber der US-Außenpolitik, den Kongress und den Senat, wach. Kissinger machte dem Kongress heftige Vorwürfe. Für ihn selbst rückte Afrika in den Fokus seiner Reisediplomatie. Kaum ein afrikanisches Land, zu dem er nicht unterwegs war. Am 23. April 1976 brach er zu einer dreizehntägigen Reise nach Kenia, Tansania, Zaire, Liberia und Senegal auf. Rhodesien nannte er ausdrücklich Simbabwe, der Name, den die schwarze Bevölkerung dem Land gab, als sie die Macht übernahm. Kissinger brachte dem Land ein millionenschweres Hilfsprogramm mit, erinnerte unter Anspielung auf den schwarzen Teil der Bevölkerung der USA auf die gemeinsamen Wurzeln der Vereinigten Staaten und Afrikas und versprach jede Unterstützung der USA bei einer demokratischen, rechtsstaatlichen Entwicklung.

Mit dem südafrikanischen Ministerpräsidenten Balthazar Johannes Vorster traf er sich für zwei Tage in Grafenau

(Bayerischer Wald) und für zwei weitere Tage in Zürich, um ihn zu bewegen, seinen Einfluss auf Rhodesiens Präsident Ian Smith geltend zu machen, damit dort endlich ein Frieden erreicht würde. Dann reiste er nach Tansania, Pretoria, Harare. Am Schluss gelang ihm auch hier ein diplomatischer Triumph. Er brachte den weißen Präsidenten Ian Smith dazu, einer zweijährigen Übergangsperiode zu einer schwarzen Regierung zuzustimmen. Er verkündete diese Sensation der Weltpresse, indem er ein Friedensschwert emporhielt, das ihm Kenias Präsident Kenyatta geschenkt hatte. Henry Kissinger war das Ende der Apartheit zu verdanken.

Am Ende seiner Afrikatournee hatte Kissinger einen kompletten Sinneswandel in der afrikanischen Einstellung gegenüber Amerika erreicht. Aus der Skepsis, wenn nicht gar Feinseligkeit war wachsendes Vertrauen geworden. Und was Henry besonders wichtig war: Der sowjetische Einfluss in Afrika war massiv in die Schranken gewiesen worden.

Gern hätte Henry sein geliebtes Amt als Außenminister der Vereinigten Staaten behalten. Wenn es nach ihm gegangen wäre, wäre er wohl noch heute Außenminister. So sehr liebte und identifizierte er sich mit diesem Amt. So tief saß seine Überzeugung, dass kein anderer Sterblicher dieses Amt so virtuos bekleiden könnte wie er. Aber in einer Demokratie gibt es keine Ämter auf Lebenszeit. Und so dräute im Jahr 1976 das Ende der Amtszeit von Präsident Ford. Sicher, bei einem Wahlsieg Fords hätte Henry weitere vier Jahre Außenminister sein können, denn Präsidenten können in den USA nur zwei Amtszeiten regieren – Minister jedoch beliebig viele. Der von Kissinger so bewunderte Metternich war neununddreißig Jahre österreichischer Außenminister gewesen. »Welche Universität könnte mir so ein Flugzeug zur Verfügung stellen«[58], räsonierte er an Bord seiner Boeing 707 im Beisein von Journalisten.

Selbstverständlich hatte Henry Kissinger auch Widersacher. Neider, die ihn als Möchtegern-Außenminister sahen. Aber noch war seine Popularität ungebrochen, noch war es ein Trumpf für Präsident Ford, wenn er in seinem Wahlkampf betonen konnte: »Ich hätte Henry Kissinger gern als meinen Außenminister, solange ich Präsident bin. Kissinger hat während seiner Arbeit mit mir und nach meinen Direktiven die außergewöhnlichste diplomatische Arbeit für die USA und den Weltfrieden geleistet, ich meine, von allen Außenministern in der Geschichte der Vereinigten Staaten.«[59]

Henry hielt sich während des Wahlkampfs zurück, da er der Meinung war, dem Präsidenten auf diese Weise am besten dienen zu können. Er absolvierte stattdessen ein geradezu orgiastisches Reiseprogramm nach Kopenhagen, Madrid, Brüssel, Moskau; anschließend im Februar nach Guatemala, Lima, Caracas, Rio, Bogotá, San José; dann in Europa nach Bonn, Paris, London, Stockholm, Luxemburg; im Juni nach Mexico City, Santo Domingo, Santiago, Santa Cruz, Cancún; gefolgt von einem weiteren Europatrip mit Grafenau, London, Paris; zurück über San Juan; vor dem Parteitag der Republikaner im August nach Den Haag, Deauville, Kabul, Teheran und einmal mehr nach London; bevor Kissingers letzte Dienstreise im Dezember zur NATO nach Brüssel führte, mit einem abermaligen Zwischenstopp in London, wo er die Rhodesiengespräche mit neuem Leben füllte. Am Ende seiner Amtszeit war Henry Kissinger rund zwölfmal um die ganze Welt geflogen und hatte etwa 900 000 Flugkilometer zurückgelegt.

Jimmy Carter gewann hauchdünn mit einer Mehrheit von 50,1 Prozent. Bei seiner Abschlusspressekonferenz wurde Henry gefragt: »Was war Ihr größter Erfolg und was war Ihr größter Fehler?« Henry antwortete:

> *»Ich habe den zweiten Teil Ihrer Frage nicht verstanden.«* Dann resümierte er: *»Als ich 1938 hierherkam, sollte ich an der George Washington High School einen Aufsatz schreiben, was es bedeute, ein Amerikaner zu sein. Ich schrieb, dass es natürlich hart ist, von den Menschen getrennt zu sein, mit denen man aufgewachsen ist, und von den Orten getrennt zu sein, die mir vertraut waren. Aber ich dachte, dies ist ein Land, in dem man mit aufrechtem Kopf die Straße entlanglaufen kann. Deshalb war alles der Mühe wert. Was Amerika für den Rest der Welt bedeutet, ist die Hoffnung, dass die Menschen überall erhobenen Hauptes durchs Leben gehen können. Und unsere Verantwortung als Amerikaner ist es, immer sicherzustellen, dass unsere Zielsetzungen größer sind als unsere Differenzen.«*[60]

IV.
Ein Leben nach der Politik

»Das Schönste am Berühmtsein ist:
Wenn man die Leute langweilt,
glauben sie, es ist ihre Schuld.«

Der Sprung zurück ins bürgerliche Leben

Die acht Jahre als Nationaler Sicherheitsberater und Außenminister hatten Henry natürlich sehr verwöhnt. Ihm war jeder Wunsch von den Augen abgelesen worden, er war in einer gepanzerten Limousine gefahren worden, von einer Blaulichteskorte begleitet. Ihm stand nicht nur ein riesiger Jet, sondern stets auch ein Hubschrauber zur Verfügung. Seine unzähligen Bodyguards sowie der Secret Service kümmerten sich um das Organisatorische – von der Hotelreservierung bis zur Reinigung seiner Garderobe. Sein dienstbeflissenes Sekretariat machte ihm das Leben so angenehm, wie dies angesichts der Zwänge seines Amtes eben möglich war.

Wenn man aus einem solchen Amt scheidet, muss man im Grunde neu Laufen lernen. Man muss die Briefmarken nicht nur selbst kaufen, sondern sie auch aufkleben. Keine Panzerlimousine mehr, kein Chauffeur, kein Hubschrauber. Briefe tippt man jetzt selbst. Ein Albtraum für einen, den die Macht so sehr verwöhnt hat.

Natürlich bot ihm die Universität in Harvard sofort an, dass er zurückkehren könnte. Damit wäre das Problem mit den Briefmarken und dem Tippen der Korrespondenz schon einmal geregelt gewesen. Doch es wäre für Henry ein Abstieg gewesen, der ihm zu tief war. Er verstand, dass ihm die präsidiale Flugzeugflotte nicht mehr zur Verfügung stand, trotzdem wollte er Bodyguards, einen Chauffeur und einen Jet. Er konnte sich nicht mehr wie ein Normalsterblicher in die First Class oder Businessclass setzen, sich beim Boarding in die Schlange einreihen und danach am Gepäckband auf seinen Koffer warten. Dafür war er zu berühmt und zu gefährdet. Und er hatte nach all den glamourösen Jahren schlichtweg keinen Bock, einen Gang zurückzuschalten.

Was also tun? Natürlich hatte er sich gegen Ende seiner Amtszeit bereits Gedanken zu dieser Frage gemacht. Und sich mit seinen Freunden beraten – allen voran mit Nelson A. Rockefeller. Der hatte insofern eine gute Lösung für die ungeklärte Flugzeugfrage, als Henry bis auf Weiteres auf einen Jet aus der Flotte von Nelson zurückgreifen konnte.

Seine Berater berieten ihn, er möge doch Berater werden. Die Welt dürste nach seiner Expertise, seinem einmaligen Wissen, seinen einzigartigen Kontakten. Und tatsächlich: Henry wurde geradezu bombardiert mit den Anrufen von vermögenden Wirtschaftskapitänen, die um seinen Rat baten und bereit waren, viel Geld dafür zu bezahlen. Henry stand voll im Saft, wie man so sagt. Er war gerade einmal vierundfünfzig Jahre alt.

Und schließlich war die Idee zu Kissinger Associates geboren. Mit dem Darlehen eines Bankenkonsortiums in Höhe von 350 000 Dollar eröffnete Kissinger jeweils ein Büro in Washington, D.C., und in New York an der Park Avenue 59, von denen aus er seine Dienste feilbot. Befreit von den Zwängen des Amts und den Fesseln der CIA, begann ein vollkommen neuer Lebensabschnitt. Die Presse hatte ihn auf Schritt und Tritt verfolgt und ein Privatleben weitestgehend unmöglich gemacht. Nun war er sein eigener Herr und musste bei der Einstellung des Personals keine politische Rücksicht mehr nehmen. Alles ging nun nach seiner Façon.

Und seine Bedeutung? War unwesentlich geringer als zuvor. Denn das Polster an Ruhm, dass er sich geschaffen hatte, war geradezu unerschöpflich. Es würde reichen bis zu seinem hundertsten Geburtstag. Wie wahr!

Die Anfragen für Kissinger als Redner waren enorm, man riss sich förmlich um ihn. Nicht weniger umfangreich waren die Anfragen nach seinen Diensten als Berater. Und als dritte Komponente gab es Kontakte, die nur Henry herstellen konnte. Ist es sinnvoll, in einem bestimmten Land zu investieren? Und wer in diesem Land kann mir am besten helfen, meine Ziele zu verwirklichen? Die gefragten Dienstleistungen bezogen sich auf die Welt, die Kissinger acht Jahre lang exzessiv bereist hatte. Sein Wort galt etwas bei den Mächtigen rund um den Globus.

Nun galt es erst einmal, die Anfragen zu kanalisieren und qualifizierte Mitarbeiter einzustellen. All das kostete viel Hirnschmalz und Zeit. Zunächst konzentrierte sich Henry auf die Reden – Reden, die rund um den Erdball gehalten wurden, Reden, für die er horrende Summen erhielt. Plus Jet und Hubschrauber für die An- und Abreise, plus Übernachtung für sich und seinen Tross. Die CIA, die ihn bisher bewacht hatte, ermittelte für ihn gefälligkeitshalber, wie viele Bodyguards er in seinem neuen Leben brauchen würde, um hinreichend sicher zu sein. Das Ergebnis waren nicht weniger als fünf ständige Bodyguards, die ihn rund um die Uhr bewachen sollten. Also stellte er fünf Bodyguards ein. Jeder von ihnen ein Ex-CIA-Spitzenpersonenschützer. Einer davon wurde sein Fahrer.

Kaum hatte Henry das Außenministerium verlassen, schon führte er ein Leben, als wäre er immer noch Minister. Er hatte alles, was ein Minister hat: Privatflugzeug, Chauffeur, Sekretariat, Security. Allerdings verdiente er nun das Zigfache eines Ministers. Er wurde richtig reich. Unter Vertrag genommen hatte er eine hochkarätige Mannschaft: darunter Brent Scowcroft, der ehemalige Nationale Sicherheitsberater, und Lawrence Eagleburger, der ehemalige Unterstaatssekretär. Mit seinem Team übernahm er die Beratung von mehr als zwei Dutzend Weltunternehmen, von denen drei Viertel amerikanische waren, etwa American Express, Heinz Ketchup oder Coca-Cola. Hinzu kamen Verträge mit großen Zeitungen wie der *Los Angeles Times* oder der *Washington Post* sowie Fernsehstationen wie ABC, CBS und NBC. Überall wurden Kommentare von ihm gedruckt oder gesendet. Zahlreiche Großunternehmen wie American Express, Chase Manhattan oder Union Pacific beriefen ihn in ihre Aufsichtsräte. Und schließlich schrieb er noch Bücher über seine politische Laufbahn, was er sich mit Rekordgagen honorieren ließ. Unfassbar, was Henry alles leistete, obwohl sein

Tag wie bei anderen Sterblichen auch nur vierundzwanzig Stunden umfasste.

Dem zollte er 1982 Tribut – seine Pumpe lief unrund. Die Ärzte diagnostizierten eine Arterienverstopfung im Herzen und eröffneten ihm, dass er drei Bypässe benötigte. »Ich möchte vier, einen mehr als Alexander Haig«[61], beliebte er zu scherzen. Vier Präsidenten beziehungsweise Ex-Präsidenten wünschten ihm telefonisch alles Gute für die OP: Ronald Reagan, Jimmy Carter, Richard Nixon und Gerald Ford. Die Operation verlief gut, und Henry erholte sich anschließend auf dem Traumanwesen eines seiner schwerreichen Freunde in Palm Springs. Dort übte er auch seine neuen Essgewohnheiten ein, die ihm die Ärzte bei der Entlassung dringend empfohlen hatten: keine fränkischen Bratwürste mehr, kein Fett, kein Junkfood. Er war viel zu übergewichtig.

Kurz nach der Operation starb Henrys geliebter Vater im Alter von fünfundneunzig Jahren in seiner Wohnung in Washington Heights, die er mit seiner Familie 1938 bezogen hatte. Henry versuchte, die Sache möglichst privat zu halten. Am Bürogebäude von Kissinger Associated befand sich kein Türschild. Es gab auch keinen Eintrag im Telefonbuch, unter dem das Unternehmen zu finden gewesen wäre. Henry selbst hatte ein L-förmiges Eckbüro voller Fotos bezogen, auf denen er mit Staatsoberhäuptern und Berühmtheiten aus aller Welt zu sehen war. Zu seinem Verdruss war er genötigt, gleich drei Rechtsanwälte zu beschäftigen, da viel Falsches über ihn berichtet wurde.

Er ließ es sich einiges kosten, den ständigen Klatsch und Tratsch aus der Welt zu schaffen.

Für Henrys Beratertätigkeit war es von großer Wichtigkeit, auch während der Amtszeit von Jimmy Carter beste Kontakte zum Weißen Haus zu pflegen. Sein Verhältnis zum Nationalen Sicherheitsberater Jimmy Carters, Zbigniew Brzezinski, blieb eher bescheiden, dafür war jenes zum damaligen Außenminister Cyrus Vance umso besser. Henry benötigte vertrauliche Informationen aus erster Hand, um seine Klienten seriös beraten zu können.

Die typische Vergütung für Kissingers Beratertätigkeit lag im Jahr 1990 bei 200 000 Dollar monatlich plus 100 000 Dollar für spezifische Tätigkeiten. Hinzugerechnet wurden die nicht unerheblichen Spesen. Die Beratertätigkeit beinhaltete eine auf den Kunden bezogene Darstellung der Ereignisse in der Welt, die zwei- bis dreimal im Jahr aktualisiert wurde. Diese Darstellung erhielten nur die absoluten Spitzenmanager des jeweiligen Unternehmens, und zwar nur mündlich, damit keine Kopien angefertigt und weiterverschickt werden konnten. Gegen ein Extrahonorar waren Kissinger und seine Leute auch für telefonische Konsultationen verfügbar. Für eine Rede mussten 120 000 Dollar plus Spesen bezahlt werden, egal ob Henry für ein Firmenevent oder einen privaten Anlass angefragt wurde. Es ist anzunehmen, dass Henry bei Gustav Schickedanz' hundertstem Geburtstag in Fürth ebenfalls nicht kostenfrei in Erscheinung trat.

Durchschnittlich hielt er in einem Jahr etwa hundert bezahlte Reden, davon die Hälfte zu wohltätigen Zwecken, während ihm der Rest Einnahmen in Höhe von mindestens sechs Millionen jährlich bescherte. Man kann sich mit ein wenig Fantasie vorstellen, in was für schwindelerregenden Höhen sich das Einkommen Henrys nach der Gründung von Kissinger Associated bewegte.

Henry echauffierte sich regelmäßig, wenn man seine Tätigkeit als die eines Türöffners charakterisierte. Aber man konnte sie zumindest partiell durchaus so beschreiben, auch wenn ihm das nicht gefiel. Wenn er bei einem Staatspräsidenten anrief, bei einem Finanzminister, dann öffneten sich die Türen in Lichtgeschwindigkeit. Um einige Beispiele zu nennen: Ein großer amerikanischer Lebensmittelkonzern wollte nach Afrika expandieren. In Windeseile machte Henry Termine bei den Staatspräsidenten von Südafrika, Simbabwe, Kenia, Marokko – und was sonst noch gewünscht war. Und schon wurden der Firma Grundstücke für ihre Niederlassungen oder ihre Produktionsstätten vor Ort angeboten, häufig verbunden mit Steuererleichterungen. Oder: Eine große US-Versicherung wollte nach Korea expandieren, hatte bisher aber Probleme mit der dortigen Gesetzgebung. Ein Anruf Henrys beim Staatspräsidenten und Finanzminister hatte die übliche Wirkung. Siehe da: Das protektionistische Gesetz wurde innerhalb eines halben Jahres gekippt. Die US-Lebensversicherung durfte fortan in Südkorea Geschäfte machen.

Schnell hatte Kissinger erkannt, dass man mit Joint Ventures viel Geld verdienen konnte. Und schon gründete er eine Tochterfirma von Kissinger Associates – Kent

Associates, benannt nach seinem Landsitz –, die ihm viel Freude bereitete. Seine frühere Reisetätigkeit, die er in der staatlichen Boeing 707 erledigt hatte, zahlte sich nun für seine privaten Geschäfte aus. Es gab ja fast kein Land, das er nicht bereist hatte. Und nirgendwo hatte er einen schlechten Eindruck hinterlassen. Was spielten schon eine Million Dollar für Beratung eine Rolle, wenn es um Milliardengeschäfte ging, resümierte der CEO eines Weltunternehmens, der sich die Dienste von Kissinger Associated langfristig gesichert hatte. »Der Name Kissinger ist magisch«, erzählte er begeistert bei einem Treffen in seinem Golfklub, nachdem er von einer Weltreise in seinem Firmenjet mit Henry zurückgekehrt war. »Dinge, für die wir ohne ihn im besten Fall Jahre gebraucht hätten, dauern nun maximal ein paar Monate.«[62]

Es gibt wohl auf der Welt keinen zweiten Politiker, der so viele Länder bereist hat wie Henry. Ob Mexiko, Chile, Nicaragua, Simbabwe – Henry war überall. Als 1991 im Rahmen der Operation Desert Storm die Amerikaner 500 000 Soldaten nach Saudi-Arabien verlegten, um von dort aus gegen den Irak vorzugehen, wandten sich die großen amerikanischen Ölgesellschaften geradezu inflationsartig an Kissinger. Was wird in diesem Krieg alles zerstört werden? Wie lange wird er dauern? Was wird aus unseren Investments? Natürlich wusste Henry mehr als seine Klienten – aber einhundertprozentig hätte er die Fragen selbst dann nicht beantworten können, wenn er noch Außenminister gewesen wäre.

Trotzdem zeigt dieses Beispiel, wie wichtig für die Industriekapitäne eine kompetente Einschätzung der politischen Risiken war und ist. »Dr. Kissinger, wie hoch erachten Sie das politische Risiko, in China zu investieren? Was spricht dafür, was dagegen?« lautete eine häufig an ihn gerichtete Frage. Genauso gut hätte sich die Frage auf Vietnam, Kolumbien, Nigeria oder die Philippinen beziehen können. Wenn man viel Geld in die Hand zu nehmen bereit war, wollte man selbstverständlich von einem Fachmann wissen, wie risikobehaftet die Investition voraussichtlich war. Von besonderer Bedeutung waren Henrys Risikoeinschätzungen für Banken. War ein Land kreditwürdig oder nicht? Konnte es Schulden zurückzahlen? Wie kreditwürdig waren die Firmen aus diesem Land?

Häufig brachte Henry von seinen Geschäftsreisen Informationen mit, die auch für die amerikanische Außenpolitik interessant waren. Diese Informationen leitete er pflichtgemäß weiter. Im Gegenzug erhielt er dann vertrauliche Informationen der CIA oder des Außen- oder Verteidigungsministeriums, die für ihn bares Geld wert waren. Natürlich wurde Henry auch zu Veranstaltungen der amerikanischen Wirtschafts- und Politelite eingeladen, so zum Beispiel zur Bohemian Grove, die mit zweitausend Teilnehmern gern auch als »größte Männerparty der Welt« bezeichnet wird. Sie findet alljährlich Ende Juli in einem Resort etwa fünfundsechzig Meilen nördlich von San Francisco statt und vereint nach eigener Einschätzung die Crème de la Crème konservativer Meinungsmacher und Wirtschaftsbosse.

Bei den Abendveranstaltungen geht es schon mal hoch her – eine Gesangseinlage von Henry zusammen mit Clint Eastwood und Ex-Verteidigungsminister Colin Powell ist den Teilnehmern noch heute in unauslöschlicher Erinnerung. Die drei, die eigentlich noch nie als Sänger in Erscheinung getreten waren, hatten zugestimmt, während der Abendveranstaltung einen Song zu performen. Die drei probten sorgsam, schließlich wollten sie sich nicht blamieren. Als die Show begann, übertönte dann Henrys tiefer Bass seinen Dialekt. Das Publikum klatsche rhythmisch und rief: »Go, Henry, go!«, woraufhin er die Hüften kreisen und das Mikrofon am Kabel durch die Luft wirbeln ließ wie einst Elvis Presley. Henry, der Entertainer! Der Popstar! So etwas hatte man noch nie gesehen. Ein Harvard-Professor, ein dröger Politiker, der mit seiner Stimme und seinen Moves den Saal in Ekstase versetzte! Das hätte man ihm nicht zugetraut. »Zugabe, Zugabe«, brüllten die Zuschauer, aber Henry war nur zu da capo al fine bereit, zu einer Wiederholung. Mehr hatten sie nicht eingeübt.[63]

Henry schloss an diesem Abend seinen verblichenen Vater in sein Gutenachtgebet ein: »Danke, Papa, dass du uns so musikalisch erzogen hast. Wie oft mussten wir mit dir am Klavier in der Synagoge singen. Nicht nur an Weihnachten. Und du hast uns regelmäßig in die Nürnberger Oper mitgenommen. Nun weiß ich, wofür es gut war.« Und auch die Bauchtänzerin Nadja aus Teheran wurde an diesem Abend in seine Dankesworte eingeschlossen, schließlich hatte sie ihm in so virtuoser Weise offenbart, wie man einen Hüftschwung ausführte. Gott sei Dank hatte er gut aufgepasst! Wenn es darauf ankam, konnte er sich eben immer noch auf seine Konzentrationsfähigkeit verlassen!

Glamouröses Privatleben

Henry stammt nun einmal aus kleinbürgerlichen, bescheidenen Verhältnissen. So etwas wie Luxus war im Haushalt des Gymnasiallehrers unbekannt. Die Familie Kissinger besaß kein Auto, kein Haus. In den Urlaub fuhr man mit der Bahn zu den Großeltern in das etwa siebzig Kilometer entfernte Leutershausen, oder man blieb zu Hause. Nach der Flucht, in Washington Heights, wurde es eher schlechter als besser. Man hungerte nicht, war aber auch nicht auf Rosen gebettet. Hatte man sich in Fürth noch eine Haushaltshilfe leisten können, war dies in New York ein Ding der Unmöglichkeit.

Den Luxus lernte Henry dann spätestens als Freund von Nelson Rockefeller kennen, bevor als Außenminister der Vereinigten Staaten von Amerika ein Lebensstandard für ihn selbstverständlich wurde, der sonst den Multimillionären oder Milliardären vorbehalten ist: eine Villa, ein Luxusapartment in der Stadt, das für die Arbeit zur Verfügung steht, ein mondänes Landhaus in erreichbarer Nähe, dazu Koch, Gärtner, Butler, Putzfrau, Chauffeur, Privatjet, Privatinsel, außerdem Mitgliedschaften in den feinsten Klubs sowie Freundschaften zu den Mächtigen im Lande. Alldem begegnete Henry in den ersten Jahren wie Alice im Wunderland, aber er gewöhnte sich schnell an den ihm neuen Standard.

»Nichts ist so schwer zu ertragen wie eine Reihe von guten Tagen«, heißt es im Volksmund. Das Sprichwort drückt aus, dass es sehr schwer ist, auf Luxus zu verzichten, wenn man ihn einmal genossen hat. Wenn man jedoch umgekehrt vom Luxus kommt, gewöhnt man sich nur schwer an die Armut, wenn man einmal ganz unten leben muss. In diesem Sinne ist es Henry nicht zu verdenken, dass er die Annehmlichkeiten, die er als Außenminister genossen hatte, nicht mehr missen wollte.

Und so stattete sich Henry erst einmal mit der Grundversorgung aus, derer ein echter Jetsetter – neben einem Jet – nun einmal bedurfte: ein stattliches Duplex-Penthouse im New Yorker River House mit einem Speisesaal für vierzig Personen, vier Schlaf- und vier Badezimmern mit Blick auf den East River in Bestlage an der 52sten Straße, des Weiteren eine Farm in Kent, Connecticut, mit über 200 000 Quadratmetern Grund und Boden einschließlich verschiedener Seen und Wälder. Die Gegend war gerade als Alternative zu den Hamptons in Mode gekommen, zudem mag bei der geografischen Auswahl, welche die Kissingers trafen, eine Rolle gespielt haben, dass die Farm, auf der Nancy aufgewachsen war, nicht weit entfernt lag und ihr die Gegend sehr vertraut war. Unter anderem wohnten der weltberühmte Starviolinist Isaac Stern, der Modeschöpfer Oscar de la Renta sowie Senator Abraham A. Ribicoff in der Nachbarschaft.

Der Vorbesitzer hatte auf der Farm eine Blaubeerplantage angelegt und erlaubte es seinen Nachbarn, zur Erntezeit gegen geringe Vergütung Blaubeeren zu ernten. Den Erlös spendete er der örtlichen Kirche. Weder Henry noch Nancy hatten Neigungen, diese Tradition fortzuführen. Vielmehr rodeten sie den Wald, um einen besseren Blick auf die Seen und Hügel zu haben, die ihr Grundstück so traumhaft machten. Der Besitz wurde umzäunt, sodass er öffentlich nicht mehr zugänglich war. Man kann sich vorstellen, dass dies bei den Nachbarn nicht gerade auf Begeisterung stieß. Die Blaubeerfelder waren ihnen lieber gewesen als ihr berühmter neuer Nachbar.

Nun war Nancys Zeit gekommen. Von Inneneinrichtung hatte Henry nämlich genauso viel Ahnung wie eine Kuh vom Balletttanz. Er war das Kind eines Lehrers, seine Eltern wohnten immer noch in der Mietwohnung in Washington Heights, die sie nach der Einwanderung 1938 bezogen hatten und die teilweise mit Möbeln bestückt war, die ihnen aus der deutschen Heimat nachgeschickt worden waren. In Harvard hatte Henry mit seiner ersten Frau Ann Fleischer gutbürgerlich gewohnt. Ann war eine bodenständige Frau gewesen und ihr Geschmack entsprechend etwas bieder. Als Sicherheitsberater und Außenminister hatte Henry in Washington in einer bescheidenen Wohnung gehaust, bei der es sich im Grunde nur um eine Absteige gehandelt hatte. Die meiste Zeit war er ja ohnehin auf Reisen gewesen. Bei seinen unzähligen Besuchen in den Palästen und prachtvollen Residenzen rund um den Globus hatte er zwar gesehen, was guter Geschmack bedeutete. Aber er hatte dies alles nur flüchtig wahrgenommen, da er viel zu sehr in seine Gespräche und politischen Aufgaben vertieft gewesen war. Selbst wenn ihm die eine oder andere Einrichtung in Erinnerung geblieben wäre, hätte er niemals gewusst, wie man guten Geschmack in die Tat umsetzt.

Nancy hingegen war ein Kind der Upperclass, dem der gute Geschmack in die Wiege gelegt worden war. Bereits in jungen Jahren hatte sie ihre Mutter in die exklusivsten Einrichtungshäuser begleitet und an Gesprächen mit befreundeten Architekten und Innenarchitekten teilgenommen. Noch viel mehr als Henry war sie in den Palästen der Reichen und Superreichen zu Gast gewesen – wo sich der Small Talk nur allzu häufig um das Einrichten und Verschönern von Häusern drehte. Nancy hatte das Know-how, um die von Henry erworbenen Domizile geschmackvoll im Stil der amerikanischen Superelite einzurichten. Als es nun darum ging, sich als Ehepaar in der amerikanischen High Society so zu bewegen, wie es dort seit Urgedenken üblich war, zeigte sich, was für ein Glück es für Henry war, Nancy geehelicht zu haben. Sie war die kongeniale Partnerin in der Gesellschaft, in der er sich nun zu bewegen gedachte.

Henry hatte genaue Vorstellungen von der Welt, in der er nach seiner Amtszeit in der Regierung leben wollte – jedenfalls nicht mehr in Harvard, das war ihm zu klein ge-

Henry Kissinger und seine Frau Nancy Maginnes bei einer Party in Washington.

worden. Er wollte dort sein, wo die Musik spielte, die Musik eines monumentalen Sinfonieorchesters, so groß, dass es Jean Sibelius' 7. Sinfonie zur Aufführung bringen konnte. Er wusste, dass er als Berater von Weltunternehmen nicht umhinkommen würde, selbst Einladungen auszusprechen. Da durfte er sich nicht blamieren, sich keine Blöße geben. Und genau da war er mit Nancy auf der sicheren Seite. Sie wusste, wie man mit Personal umging, wie man eine Tischordnung gestaltete, wann man sich am Small Talk beteiligte und wann man besser schwieg.

Nancy hatte sich mit dem in der Nachbarschaft wohnenden amerikanischen Modeschöpfer Oscar de la Renta angefreundet und nahm von diesem gern Anregungen entgegen, wie man das eigene Haus noch vollendeter gestalten könnte. Dabei dachten Henry und sie auch an Henrys Kinder David und Elisabeth, die sowohl im Landdomizil in Kent wie auch in der Wohnung in Manhattan ihre eigenen Zimmer hatten. Henry liebt seine Kinder sehr, nahm sie häufig auf Reisen mit, wollte sie so oft wie möglich um sich haben.

Ein gutes Beispiel, wie Henry seine Residenz in Kent nutzt, ist eine Einladung, die vor etwa zwanzig Jahren zustande kam. Einziger Gast damals war Wladimir Wladimirowitsch Putin, wovon Kissinger in einer relativ aktuellen Ausgabe des *STERN* berichtete:

»STERN: Sie kennen Putin gut. Sie haben ihn mehr als zwanzigmal getroffen und ihn sogar zu sich nach Hause eingeladen. Haben Sie den Angriff kommen sehen?

KISSINGER: Lassen Sie mich mein Verhältnis zu Putin erklären. Ich traf ihn das erste Mal vor langer Zeit, als er noch stellvertretender Bürgermeister von Sankt Petersburg war. Später besuchte er mich zu Hause in Connecticut. Die russische Botschaft hatte mich gefragt, ob ich ihn während einer UN-Sitzungswoche zu einem privaten Abendessen einladen könne. Damals passierte etwas Amüsantes: Putin trug eine Sportjacke und kam in Begleitung von nur einer Person an. Auf der Straße vor meinem Haus wartete eine Frau gerade auf ein Taxi. Ich sagte zu ihr: ›Das ist der russische Präsident.‹ Sie glaubte es nicht und sagte nur zu Putin: ›Beachten Sie Henry nicht. Er hat einen merkwürdigen Humor.‹«[64]

Schade nur, dass Henry nicht Putins Berater ist …

So fleißig Henry sein Leben lang war, er ist auch den schönen Seiten des Lebens zugewandt. Nancy versteht es zudem geschickt, ihm diese schmackhaft zu machen. So genoss er in den vergangenen Jahrzehnten jeweils im Februar einige Wochen Urlaub in Acapulco – im Märchenschloss des englischen Milliardärs Loel Guinness, der mit seiner in Mexiko geborenen Frau Gloria bis zu seinem Tod der König der Acapulco-Society war. Abseits des Haupthauses hatten die Kissingers hier eine eigene Ferienvilla, was nicht heißen soll, dass sie sich nicht gern ins Zentrum des gesellschaftlichen Treibens von Acapulco begeben hätten. Besonders gern besuchten sie die bacchantischen Partys von Baron und Baroness di Portanova in deren Fantasiepalast mit zweiunddreißig Zimmern, drei Swimmingpools und einer Reihe von Wasserfällen.

Für die Weihnachtsferien nahmen die Kissingers meist die Einladungen ihres Nachbarn und Freundes Oscar de la Renta in der Dominikanischen Republik an. Der 2014 verstorbene Modezar, gebürtiger Dominikaner, besaß dort ein riesiges, 130000 Quadratmeter großes Strandgrundstück mit neun Gästehäusern. Diese waren zur Weihnachtszeit jeweils mit illustren Gästen aus dem internationalen Jetset belegt – wie etwa den Agnellis aus der Fiat-Dynastie.

Henrys Begeisterung für Fußball oder American Football ist ein Leben lang nicht erloschen. Vom deutschen Botschafter in Washington ließ er sich regelmäßig informieren, wie sein Herzensverein, die Spielvereinigung Fürth, gespielt hatte. Auch sein Familiensinn blieb ungebrochen. Als seine Mutter neunzig wurde, flog er nach Puerto Rico, da sie dort ihre Winter in einer bescheidenen Wohnung am Strand zu verbringen beliebte. Dies hatte sie schon zu Lebzeiten ihres Mannes Louis getan. Henrys Bruder Walter reiste mit Frau, Kindern und Enkelkindern an, und auch Henrys Kinder waren gekommen – Elisabeth hatte in Harvard Medizin studiert und praktiziert im Umfeld von Boston, David studierte Jura, wurde Partner einer großen Anwaltskanzlei in Manhattan und danach Journalist und Filmproduzent. Henry hielt die Laudatio und ließ seine Mutter wissen: »Alles, was Walter und ich erreicht haben, haben wir dir zu verdanken.« Paula Kissinger antwortete gerührt: »Dann hat sich mein Leben gelohnt.«[65]

Politische Versuchungen

1980 stand die Wahl des Senators von New York an. Jacob K. Javits trat für die Republikaner an, aber mit seinem gesundheitlichen Zustand stand es nicht zum Besten. In dieser Situation wurde von republikanischer Seite der Hut von Henry Kissinger in den Ring geworfen. Bei einem Dinner, bei dem Wahlkampfspenden gesammelt werden sollten, wurden in New York mit dem Namen Kissinger Rekordeinnahmen verbucht. Da Henry mit Jacob Javits befreundet war, machte er seine Kandidatur davon abhängig, ob Javits trotz seiner gesundheitlichen Probleme antreten wollte oder nicht. Javits entschied sich letztendlich für eine Kandidatur, damit war das Thema für Henry erledigt.

1986 ergab sich für Henry dann erneut die Möglichkeit, sich um ein bedeutendes politisches Amt zu bewerben. Es standen die Wahlen zum Gouverneur von New York auf dem Programm. Als George Bush sen. Präsident wurde, gab dieser zu erkennen, dass er Kissinger in einem eventuellen Wahlkampf nicht unterstützen würde. Bush hatte zu Henry ein distanziertes Verhältnis, bot ihm auch keinen Posten in seinem Kabinett an. Stattdessen warb er Henrys beste Mitarbeiter ab: Er ernannte Brent Scowcroft zum Nationalen Sicherheitsberater und Lawrence Eagleburger zum stellvertretenden Außenminister. Henry nahm es sportlich. Jedes Ding hat bekanntlich eine Kehrseite – und für Henry waren die Informationen geradezu unverzichtbar, die fortan von Scowcroft und Eagleburger in Richtung seiner Beratungsfirma flossen.

Den beiden Chancen auf ein abermaliges politisches Amt trauerte Henry nicht nach. Beide Ämter hätten nur seinen Verdienst massiv geschmälert. Und sein Ego, an dem ihm zuvorderst gelegen war. Seine Bedeutung hätten beide Ämter nicht vergrößert – eher im Gegenteil. So blieb er ein freier Mann und war keinem Wähler Rechenschaft schuldig.

V.
Familie und Heimat

»Neue Leute dürfen nicht Bäume ausreißen,
nur um zu sehen,
ob die Wurzeln noch dran sind.«

Henrys Bruder Walter

Walter Kissinger, Henrys Bruder, war ein Jahr jünger. Die beiden hatten ein inniges Verhältnis, auch wenn sie in der Kindheit, was völlig normal ist, des Öfteren aneinandergerieten. Aber, wie Henry an Walter aus Camp Claiborne schrieb: Wenn es darauf ankam, hielten beide immer zusammen.

Nach ihrer behüteten Kindheit – wenn man dies trotz des großen Umbruchs infolge der Flucht so bezeichnen kann – entwickelten sich Henry und Walter zunächst auseinander. Während Henry eingezogen wurde und in Europa diente, meldete sich Walter freiwillig zum Dienst an der Waffe. Er hoffte, ebenfalls nach Europa verlegt zu werden. Gern wollte er es den Nazis »heimzahlen«. Zu tief steckte in ihm noch der Groll über die Vertreibung.

Aber Uncle Sam hatte mit ihm anderes im Sinn. Er wurde ans andere Ende der Welt verlegt, nach Korea. Dort war er – bis 1947 – nur Besatzungssoldat, am späteren Koreakrieg nahm er nicht mehr teil. Nach seiner Rückkehr bewarb er sich für ein Stipendium der Armee und wurde im Rahmen der Woodrow Wilson School of Public Affairs an der renommierten Princeton University aufgenommen. Dort beendete er das Studium als Bachelor of Arts. Seine Bachelorarbeit schrieb er über die Fernostpolitik Russlands in den Jahren 1895 bis 1904. Geradezu visionär sah er voraus, dass sich die Russen und Chinesen zum

Schaden Amerikas verbünden würden und es daher erforderlich sei, dass die USA einen Keil zwischen die beiden Nationen trieben.

Nach dem Studium in Princeton zog es Walter Kissinger nach Harvard, wo sein Bruder Henry sich gerade die ersten Sporen verdiente. In Harvard schloss er mit einem Bachelor of Business Administration ab. Danach heuerte er bei einem großen Konzern in Ohio an, bevor er 1957 den Sprung in die Selbstständigkeit wagte. Er hatte nun genug gelernt. Er wollte selbstständiger Unternehmer werden. Er sah sich um, und siehe da: Die Firma Advanced Vacuum Products stand vor der Insolvenz. Walter studierte die Bilanzen und kam zu der Überzeugung, dass dieses Kleinod zu retten war. Auf dem Wege eines Management-Buy-outs übernahm er die Firma, stellte sie auf solide Füße, woraufhin sich in vier Jahren der Umsatz von 50 000 auf 10 000 000 Dollar pro Jahr verzweihundertfachte. Dann verkaufte er die Firma und konnte sich als Multimillionär im Alter von achtunddreißig Jahren zur Ruhe setzen. Deshalb galt er lange als »der reiche Kissinger«.

Noch vor seinem geschäftlichen Erfolg, nämlich am 4. Juli 1958, heiratete er Eugenie Van Drooge, die Tochter holländischer Einwanderer. Die Eheschließung fand gegen den Willen der jeweiligen Eltern statt. Bei den Kissingers waren es religiöse Vorbehalte, denn Eugenie, genannt Genie, war Protestantin. Auch bei Genies Eltern spielte die Religion eine Rolle – sie waren Protestanten. Ansonsten gab es gegen die Verbindung nichts einzuwenden: Walter war ein überaus erfolgreicher Geschäftsmann, Genie hatte einen Bachelorabschluss in Philosophie und Deutsch. Trotzdem fand die Hochzeit ohne Eltern, Freunde und Verwandte statt.

Im Laufe der Jahre glätteten sich die Wogen. Insbesondere zwischen Paula Kissinger und Genie entwickelte sich ein außergewöhnlich inniges Verhältnis. Häufig ergriff Paula die Partei ihrer Schwiegertochter, wenn es zwischen ihr und Walter zu Differenzen kam. Aus der Ehe gingen vier Kinder hervor: Bill, der 1960 geboren wurde, Tom, 1962, Dana, 1964, und John, 1967. Bei aller Liebe zwischen Paula und Genie und deren Kindern kam es immer wieder zu Spannungen im Hinblick auf die Ausübung des Glaubens und der religiösen Erziehung. Dem strenggläubigen orthodoxen Juden Louis Kissinger wollte fast das Herz brechen, wenn er hören und sehen musste, dass es den Kindern seines Sohnes Walter völlig selbst überlassen wurde, ob und was sie glaubten.

Für Louis Kissinger war der Glaube eine wertvolle Erinnerung an die deutsche Heimat, wo er diesen intensiver hatte ausleben können als in den Vereinigten Staaten. Deshalb bemühten sich Henry und Walter, ihre Eltern schon bald nach dem Zweiten Weltkrieg zu einem Besuch in der alten Heimat zu überreden. Dies gelang ihnen 1952, nachdem Henry von dem Wirtschaftswunder berichtet hatte, das sich in der alten Heimat anbahnte. Sie besuchten Fürth, natürlich Louis' alte Schule, die Gräber der Vorfahren, soweit diese nicht im KZ umgekommen waren. Besonders emotional war der Besuch in Leutershausen, Paulas Geburtsort. Hier hatten Paula, Henry und Walter ihre unbeschwerte Kindheit verbracht, und sie besuchten natürlich die Familie Hezner, die immer treu zu ihnen gestanden hatte. Es war ein schmerzhafter Besuch, der die kaum vernarbten Wunden wieder aufriss. Paula und Louis Kissinger beschlossen deshalb, Deutschland in naher Zukunft zu meiden.

Walter indessen langweilte sich ein wenig, nachdem er seine Advanced-Vacuum-Firma veräußert hatte. Zwar hatte er sich Hobbys wie das Reiten und Motorradfahren zugelegt, doch selbst seine gigantische Ranch und seine Pferdezucht in Colorado lasteten ihn nicht aus. Und so wurde er schwach, als ihn die riesige Allen Group in ihrer Not anflehte, er möge sie retten. Die in den Kernbereichen Automobilzubehör und Kommunikationssysteme tätige Firma hatte sich durch unkontrollierte Firmenzukäufe heillos übernommen. Die Emissäre der Firma ließen Walter Kissinger wissen, man habe von seinen virtuosen Talenten als Firmensanierer gehört. Nur er habe das Zeug, »die Karre aus dem Dreck zu ziehen«.

Bevor Walter sein endgültiges Okay gab, stellte er Bedingungen, von denen er nicht glaubte, dass sie erfüllt würden: Da er keine Lust hatte, an den damaligen Firmensitz in Chicago umzusiedeln, forderte er, dass die Firmenzentrale in die Nähe von New York verlegt werden müsse. Denn dort, genauer gesagt in Long Island, hatte er für sich und seine Familie einen prachtvollen Herrschaftssitz mit

Gestüt erworben. Hier konnte er das Angenehme und das Nützliche verbinden: Unternehmerische Entscheidungen konnten, wie er meinte, auch im Pferdesattel getroffen werden.

Tatsächlich gelang es Walter, das Ruder herumzureißen und die Allen Group wieder profitabel zu machen. Er musste das alte Management mit dem eisernen Besen entsorgen und war dann zwanzig Jahre lang unumschränkter Herrscher und Präsident des Unternehmens. Die ehemals rein amerikanische Allen Group baute er zu einem Weltkonzern aus mit Niederlassungen in Europa, Japan und China, wo das Unternehmen einer der schlagkräftigsten Akteure auf dem Markt der Mobilfunktechnologie wurde. Dabei vermied Walter es, sich auf seinen Bruder zu berufen, geschweige denn, dass er ihn um Hilfe bat. Die Allen Group verabschiedete ihn mit dem größten Fest ihrer Firmengeschichte. Henry war sehr stolz auf seinen Bruder.

Walter starb mit sechsundneunzig Jahren auf seinem Besitz auf Long Island in den Armen seiner geliebten Frau Genie. Er war ein begeisterter Vater von vier Kindern und Großvater von acht Enkeln. Er und Henry hatten bis zuletzt eine enge und herzliche Beziehung. Beide stapelten bescheiden tief, wenn sie feststellten: »Der Name Kissinger ist kein Nachteil.«[66] Für beide stand – und im Falle Henrys steht – die Familie stets an erster Stelle. Die Dankbarkeitsbekundungen der beiden Söhne gegenüber ihren Eltern könnten deutlicher nicht sein.

Die Eltern Kissinger

Natürlich war es für die Eltern Kissinger ungleich schwieriger, sich in den USA einzuleben, als für ihre damals erst vierzehn beziehungsweise fünfzehn Jahre alten Söhne Walter und Henry. Louis Kissinger hatte seine gesamte Kindheit und über dreißig Jahre seines Berufslebens in Deutschland verbracht und war, von einigen Kuraufenthalten in Karlsbad abgesehen, nie im Ausland gewesen. Er war Deutscher durch und durch. Für Paula, die ihn mit Anfang zwanzig geehelicht hatte, galt dasselbe. Gottlob hatten die beiden noch eine andere Art der Nationalität: das Judentum. Einerseits waren sie wegen ihrer Glaubenszugehörigkeit aus Deutschland vertrieben worden, andererseits hatte sie ihnen auch den übernationalen Halt in ihrem neuen Leben gegeben. Sie hatten sogar das Glück, dass sie von ihrem Rabbi aus der alten in ihrer neuen Heimat begleitet wurden und ihre neue Umgebung in der Fremde von vielen Glaubensbrüdern und -schwestern bevölkert war, die nicht selten aus der alten Heimat stammten.

Nur die Umgebung hatte leider gar nichts mit dem beschaulichen Fürth zu tun: die vielen Hochhäuser, die Hektik, der Verkehr. Dies fiel aber weit weniger ins Gewicht als der Umstand, dass Louis seinen angestammten, heiß geliebten Lehrerberuf nicht mehr ausüben konnte, da er der fremden Sprache nicht hinreichend mächtig war. Bedarf an Lehrern gab es eigentlich auch in der neuen Welt.

Junge Bäume, das wissen nicht nur Gärtner, lassen sich leichter verpflanzen als alte. So fiel es Henry und Walter wesentlich leichter, sich zu akklimatisieren – sprachlich, kulturell, geografisch. So sehr sich Paula und Louis darüber freuten, dass ihre Söhne sich vorbildlich assimilierten, so sehr litten sie unter dem Reputationsschaden, der mit dem Verlust des Lehramts verbunden war. Weder Paulas Job als Catererin noch Louis' neue Tätigkeit als Buchhalter konnten dies auch nur annähernd kompensieren. Umso dankbarer waren sie, dass ihnen der Glauben Kraft schenkte. Und dass sie einen Freundeskreis hatten, dem Standesdünkel weitgehend fremd waren. Und erst recht, dass ihnen der Herrgott Söhne beschert hatte, die ein reiner Quell der Freude waren. Beide waren bescheiden, fleißig und zielstrebig. Ein bisschen gläubiger, gottesfürchtiger hätte sich Louis seine Söhne durchaus gewünscht, aber in seiner Gegenwart wahrten die beiden immerhin den Schein. Und sie begegneten ihm und seiner geliebten Paula mit der gebotenen Ehrfurcht. Sie waren kein Brüderpaar wie Kain und Abel. Sie hielten, zumindest wenn es darauf ankam, zusammen. Und sie gingen voran, Schritt für Schritt, und ließen ihre geliebten Eltern an ihrem erfolgreichen Leben, ihrem unaufhaltsamen Aufstieg teilhaben: Sie schrieben seitenlange Briefe, wo immer sie waren, kamen zu Besuch, sooft es ging.

Als Henry zum Harvard-Professor ernannt wurde – waren sie dabei. Als Henry zum Nationalen Sicherheitsberater von Präsident Nixon ernannt wurde – waren sie dabei. Als Henry zum Außenminister der Vereinigten Staaten gekürt wurde – waren sie dabei. Paula Kissinger hielt sogar die Bibel, auf der er seinen Amtseid schwor. Zur Amtseinführung von Präsident Nixon auf dem Kapitol waren sie ebenfalls dabei, was Henry in seinen Memoiren bestätigte:

> *»Ich saß [bei der zweiten Amtseinführung Nixons 1973] mit meinem Vater auf der Plattform [des Kapitols] hinter dem Kabinett. Es überraschte mich nicht mehr, dass ich hier war. Aber die aufregenden Ereignisse der vergangenen Monate hatten mich ein wenig betäubt. Der Krieg würde bald zu Ende sein, und ich war voller Hoffnung. Mein Vater, dessen Lebensaufgabe vernichtet worden war, als die Nazis in seiner Heimat an die Macht kamen, strahlte. Er konnte kaum glauben, was hier geschah; in seltsamer Weise schienen alle schmerzlichen Erfahrungen, die ihm das Leben gebracht hatte, nicht vergeblich gewesen zu sein.«*[67]

Und in der Tat: Henry Kissinger hätte niemals Außenminister des mächtigsten Staates der Welt werden können, wenn die Familie Kissinger nicht in die USA geflohen wäre.

Auch zu besonderen Ereignissen, von denen er wusste, dass es seinen Eltern eine Freude machen würde, nahm er sie mit. Als er im Vereinigten Königreich zum Ritter geschlagen werden sollte, begleiteten ihn seine Eltern, denn Königin Elisabeth gab zu seinen Ehren ein Dinner mit Lady Di und Prinz Charles im Buckingham-Palast. Da

Henrys Mutter Paula eine glühende Verehrerin von Lady Di war, sorgte Henry dafür, dass seine Mutter direkt neben der Prinzessin sitzen durfte. Paula Kissinger konnte es sich nicht verkneifen, Lady Di gleich bei der Begrüßung zu gestehen: »Sie sind ja noch viel schöner als auf den Fotos.«[68]

Natürlich durften Henrys Eltern zu solchen Anlässen auch in der Air Force No. 2 mitfliegen und in Henrys Wagenkolonne mitfahren, für die, wo immer er auch war, die Verkehrsampeln so gestellt wurden, dass er mit seiner Polizeieskorte durchrauschen konnte. Die Amerikaner sind in solchen Dingen wesentlich großzügiger als wir Deutschen. Sie waren Flüchtlinge gewesen, die um ihr Leben bangten, und nun saßen sie in der gewaltigen Regierungsmaschine des US-Außenministers und am Tisch der Queen im Buckingham-Palast – all das war für Henrys Eltern eine mehr als verdiente Entschädigung für das, was ihnen die Nazis angetan hatten.

Zu besonderen Anlässen, zum Beispiel zu Staatsbanketten, lud Henry seine Eltern und natürlich auch seinen Bruder samt Frau und sogar mit den Kindern ins Weiße Haus ein. Zu den besonderen Anlässen gehörten aber auch Familienfeiern wie die goldene Hochzeit von Paula und Louis Kissinger, die im großen Kreis der Familie 1972 in Flims in der Schweiz gefeiert wurde.

Louis Kissinger hatte sich mittlerweile ein Hobby zugelegt, das ihn seine berufliche Leere endlich vergessen ließ: Er archivierte alle Zeitungsartikel, derer er über seinen berühmten Sohn habhaft werden konnte. Und wenn sie ihm nicht gefielen, konnte er kaum an sich halten, dem Verfasser eine passende Antwort zukommen zu lassen. Schade war nur, dass sie nicht zur Nobelpreisverleihung reisen konnten. Wegen der massiven Kritik an der Nobelpreisverleihung an Kissinger und seinen nordvietnamesischen Verhandlungspartner Le Duc Tho verzichtete Henry auf die feierliche Verleihung vor Ort und ließ die Medaille vom US-Botschafter in Norwegen ganz unglamourös abholen. Das Preisgeld spendete er.

Alle Angebote ihrer wohlhabenden Söhne, zu ihnen zu ziehen oder zumindest in einem von den Söhnen finanzierten Haus zu wohnen, lehnten Louis und Paula ab. Sie blieben bis zu ihrem Ableben bescheiden in ihrer Mietwohnung in Washington Heights in New York, die sie einst als Flüchtlinge bezogen hatten. Aber natürlich nahmen sie die Einladungen ihrer Söhne an, mit ihnen gemeinsam die Ferien zu verbringen, mit Walter oft auf dessen Ranch in Colorado, seinem Estate in Long Island oder in seinem Ferienhaus in Puerto Rico, oder mit Henry in dessen Landhaus in Kent. Manchmal mieteten sie sich auch eigenständig eine Wohnung in Puerto Rico, im zehnten Stock eines am Strand liegenden Hochhauses. Als einmal der Fahrstuhl ausfiel, pflegte Paula Kissinger die Treppe zu den zehn Stockwerken klaglos zu Fuß zu erklimmen. Sie war zeit ihres Lebens sehr sportlich.

Henry widmete seiner Mutter den zweiten Band seiner Erinnerungen mit dem Titel *Jahre der Erneuerung*. In seinem Vorwort schrieb er:

»Ich habe dieses Buch meiner Mutter Paula Stern Kissinger gewidmet. Wie bei allen wichtigen Ereignissen in meinem Leben hat sie auch während meiner Arbeit an diesem Buch mitgefühlt und sich mit dem ihr eigenen Optimismus darauf gefreut, es veröffentlicht zu sehen. Im Alter von 97 verschied sie, als dieser Band gerade in Satz ging.«[69]

Dies war 1999, als der 1923 geborene Henry Kissinger selbst bereits sechsundsiebzig Jahre alt war. Sein Vater starb mit sechsundneunzig Jahren, sein Bruder Walter ebenfalls mit sechsundneunzig. Kein Wunder also, dass Henry, der Star der Familie, nun hundert wird.

Deutschland war und blieb für Louis und Paula Kissinger ein zentraler Bestandteil ihres Lebens, und nicht nur in ihren Erinnerungen. Bereits 1952 reisten sie, auf nachdrückliche Empfehlung ihrer Söhne, die dort schon gewesen waren, in die alte Heimat. Es folgten bis 1960 weitere Besuche, meist verbunden mit einem Urlaub in Flims in den Schweizer Bergen. Dann rissen die Deutschlandbesuche ab, da sie einfach zu schmerzhaft waren. Dann wurde ihrem Sohn Henry im Dezember 1975 vom Fürther Stadtrat die Goldene Bürgermedaille überreicht, siebenunddreißig Jahre nach ihrer Flucht, und Henry wäre kein Kissinger gewesen, wenn er zu diesem Anlass nicht die gesamte Familie zusammengetrommelt hätte: natürlich seine Eltern, aber auch seinen Bruder Walter mit Frau und Kindern, seine eigenen Kinder und Nancy, die er ein Jahr zuvor geheiratet hatte. Sowohl Henry wie auch sein Vater hielten zu dem feierlichen Anlass eine Rede. Henry sagte:

> *»Ich bin besonders glücklich darüber, dass ich diesen Ehrentag in Gegenwart meiner Familie verbringen kann, insbesondere meiner Eltern, die ihre Verbindung an diese Stadt, in der sie den größten Teil ihres Lebens verbrachten, niemals aufgegeben haben.«*[70]

Louis Kissinger wusste es nach Auffassung von Henry noch besser zu formulieren:

> *»Die Stadt Fürth stand immer meinem Herzen nahe. Ich bin kein geborener Fürther, aber ich habe den größten Teil meines Lebens in Deutschland in Fürth verbracht. Hier habe ich meine Familie gegründet, hier wurden meine beiden Söhne geboren, hier waren die glücklichsten Jahre meines beruflichen Schaffens.«*[71]

Verbunden mit dieser Ordensverleihung war ein Besuch auf dem jüdischen Friedhof sowie in der Synagoge und eine Besichtigung der Hauptwirkungsstätten der Familie Kissinger: die ehemalige Wohnung in der Marienstraße 5, das Mädchengymnasium Helene Lange, wo Louis einst als »Kissus« bekannt gewesen war. Am nächsten Tag, Henry musste schon nach Paris weiterreisen, erfolgte der emotionale Besuch an Paulas Geburtsort in Leutershausen und das Wiedersehen mit der unvergessenen Familie Hezner, die immer treu zu ihnen gehalten hatte.

Henry Kissinger und Deutschland

Die Reisen und Aufenthalte Henry Kissingers nach und in Deutschland lassen sich nicht zählen. Erstmals war er von 1944 bis 1947 als Soldat in der Bundesrepublik. Bemerkenswert ist, dass er seinen Aufenthalt bei der Armee freiwillig um ein Jahr bis 1947 verlängerte. Dies hatte einerseits mit seiner Verwurzelung in der ehemaligen Heimat zu tun, zum anderen mit seiner Neugier, was nun, nach der totalen Niederlage der Nazis, aus Deutschland werden würde.

Während seines Studiums in Harvard absolvierte Henry 1952 seinen zweiten Deutschlandbesuch. Bei einer seiner zahlreichen Reden, die er während seiner Deutschlandaufenthalte hielt, klang eine gewisse Wertschätzung an: »Nicht einmal ... die Niederlage im Zweiten Weltkrieg hat Deutschlands Einfluss in der Welt gemindert«[72], äußerte er durchaus beeindruckt vom deutschen Wirtschaftswunder.

Gleichzeitig hob er bei seiner Amtseinführung als Nationaler Sicherheitsberater der USA das Positive an seinen negativen Jugenderfahrungen hervor, nämlich: »Wenn meine Herkunft etwas zur Formulierung der Politik beitragen kann, dann das: In frühem Alter habe ich gesehen, was einer Gesellschaft geschehen kann, die auf Hass, auf Stärke und Argwohn gegründet wird.«[73]

Als er 1959 auf Einladung des damaligen Außenministers Brentano drei Wochen durch Deutschland reiste, erklärte er bei einem Besuch in Fürth: »Ich glaube, ein Teil des Einflusses, den ich in den USA gewinnen konnte, kommt daher, dass meine Jugend mir auch die Perspektive zu einer anderen Welt mitgegeben hat.«[74]

Dass Kissingers Verhältnis zu Deutschland ambivalent ist, ist nicht nur nicht verwunderlich, sondern gut nachvollziehbar. Einerseits gab es die negativen Erfahrungen, auf der anderen Seite die Hochachtung vor der deutschen Tüchtigkeit und einer kulturellen Verwurzelung, der er sich zugehörig fühlt. Dies offenbart sich in seiner Vorliebe für deutsche Philosophen wie Kant, Hegel, Nietzsche, Spengler, die er in Harvard so inbrünstig studiert hatte, sowie in seiner Hochachtung für Bismarck. Auch die schiere Anzahl seiner Reisen nach Deutschland zeugt von seiner Verbindung zu diesem Land, die enger ist als zu allen anderen Ländern – außer natürlich zu den USA.

Zu seinem fünfundsiebzigsten Geburtstag verlieh ihm die Stadt Fürth die Ehrenbürgerschaft, was am 20. Mai 1998 in einem Festakt mit höchsten deutschen Regierungsvertretern begangen wurde. In seiner Ansprache hob Außenminister Genscher hervor: »Er hat Deutschland auf seinem Weg in die Gemeinschaft der demokratischen Staaten sehr geholfen.« Und Bundeskanzler Schmidt fügte hinzu: »Deutschland hat diesem Mann zu verdanken, dass viele politisch führende Menschen in anderen Staaten die Ehrlichkeit des Bemühens der Deutschen nach 1945 begriffen haben.«[75]

Eine weitere Ehrung Henrys fand am 15. März 1988 statt: Die Friedrich-Alexander-Universität Erlangen verlieh ihm die Ehrendoktorwürde. Und er nutzte die Gelegenheit, erstmals in seinem Leben ein Bundesligaspiel anzusehen, wenn auch nicht seines Herzensvereins, der Spielvereinigung Fürth, sondern des 1. FC Nürnberg, der im Gegensatz zur Spielvereinigung gerade in der Ersten Bundesliga spielte.

Schließlich ließ es sich Henry auch nicht nehmen, einen großen Unternehmer aus seiner Heimatstadt zu ehren. Beim hundertsten Geburtstag des Quelle-Gründers Gustav Schickedanz hielt er die Laudatio. Auch den Fürther Großunternehmer Gustav Grundig würdigte er.

Bei einer Veranstaltung in Bamberg im Jahr 2004 brachte er seinen Bruder und dessen Frau Genie mit. Henry war damals bereits einundachtzig. Walter zeigte seiner geliebten Genie erneut seine alte Heimat, Leutershausen, die Friedhöfe der Ahnen. Walter war sehr ergriffen.

Immer wieder zog und zieht es Henry Kissinger nach Deutschland. Ob als Teilnehmer an der Münchner Sicherheitskonferenz, ob an Veranstaltungen des Springer-Verlages oder in Gütersloh, der Heimat seines Haus-und-Hof-Verlages Bertelsmann sowie seiner geliebten Verlegerin Liz

Mohn, die ich bei meinen Einladungen stets und gern neben ihn platzierte.

Seine erste politische Reise nach Deutschland – sieht man einmal von seiner Tätigkeit als Stadtverwalter nach Ende des Zweiten Weltkriegs ab – fand 1959 statt. Außenminister Heinrich von Brentano hatte den damals schon berühmten Harvard-Professor zu einer dreiwöchigen Deutschlandreise eingeladen, bei der er alle großen Städte besuchte. Bereits 1961 kam Henry wieder, diesmal in offizieller Mission auf Anweisung Präsident John F. Kennedys, der ihn zu Gesprächen mit Konrad Adenauer abkommandiert hatte. Und zu besprechen gab es mehr als genug, denn am 13. August 1961 wurde die Berliner Mauer gebaut. Da wollte Kennedy schon wissen, was in Adenauers Kopf vor sich ging.

In seinem jüngsten Monumentalwerk *Staatskunst* beschreibt Kissinger Adenauer als einen der herausragenden Staatenlenker nach dem Zweiten Weltkrieg – neben de Gaulle, Thatcher, Nixon, Anwar as-Sadat und Lee Kuan Yew. Er bezeichnet ihn sogar als größten deutschen Staatsmann nach Bismarck. Ohne Bismarck hätte es den Zusammenschluss der deutschen Staaten, die Gründung des Deutschen Reichs nicht gegeben, und Adenauer haben wir neben der deutsch-französischen Aussöhnung die Verankerung Deutschlands im demokratischen Europa und in der westlichen demokratischen Welt zu verdanken. Nur allzu gern hätte uns der Genosse Stalin vereinnahmt. Da bedurfte es eines robusten, standhaften Staatsmannes vom

Kaliber Adenauers, um dieser Bedrohung zu widerstehen. Ein Glücksfall, dass uns die Geschichte ihn, Dr. Konrad Adenauer, beschert hat.

Während seiner Zeit als Mitglied der Regierungen Nixon und Ford von 1973 bis 1977 hatte Kissinger viel mit Bundeskanzler Brandt zu tun, der nach Kissingers Geschmack in seiner Ostpolitik allzu forsch nach vorn marschierte und der Zügelung und Aufsicht bedurfte. Wieder und wieder musste er dem deutschen Kanzler klarmachen, dass die Russen, denen Brandt so freundlich gegenübertrat, Amerikas Feinde in Vietnam waren. Und notfalls musste er ihn daran erinnern, dass die Bundesrepublik noch immer kein vollständig souveränes Land war. Entsprechend häufig waren in dieser Zeit Henrys Reisen nach Bonn, nicht zuletzt auch, um den Brandt-Intimus Egon Bahr zu bremsen.

So ist Henry Kissinger in seinem Herzen Deutscher geblieben. Wo es ihm möglich war, hat er sich für deutsche Interessen eingesetzt. Er stand unseren Regierungen mit Rat und Tat bei und half dabei, uns in der Welt wieder als geachtetes Volk zu verankern und ein Land zu werden, aus dem seine Familie und er nicht hätten fliehen müssen.

Kissinger und die deutschen Kanzler

Henry lernte alle deutschen Nachkriegskanzler kennen, sogar noch Konrad Adenauer, den er sehr schätzte. Willy Brandt hingegen genoss weder bei Henry noch bei Nixon eine besondere Wertschätzung, was sich anhand eines Tonbandprotokolls aus dem Weißen Haus nachvollziehen lässt:

Nixon: »Wie sieht es mit dem Rachen [von Brandt, der gerade eine Stimmbandoperation hinter sich hatte] aus?«

Kissinger: »Leider ist die Sache nicht bösartig. Nun, es ist schrecklich, so etwas zu sagen.«

Nixon: »Sie meinen, dass er unglücklicherweise bei sehr guter Gesundheit ist?«

Kissinger: »Leider, er wird wahrscheinlich durchhalten.«

Nixon: »Er ist ein Dummkopf.«

Kissinger: »Er ist ein Dummkopf.«

Nixon: »Er ist ein Dummkopf.«

Kissinger: »Und er ist gefährlich.«

Nixon: »Tja, ich meine, er ist gefährlich. Da muss ich Ihnen wirklich zustimmen. Ich stimme zu.«[76]

So das Gespräch im Weißen Haus über einen Kanzler, der bei uns auch heute noch ein hohes Ansehen genießt.

Henry Kissinger (li.) und Bundeskanzler Willy Brandt (re.) 1974 in Bonn.

Gottlob waren Kissinger die Kanzler Schmidt und Kohl wesentlich lieber. Helmut Schmidt bezeichnet er »als einen seiner engsten Freunde«. Er verstieg sich sogar zu einer Übertreibung: »Da ich in keiner Welt ohne Helmut Schmidt leben möchte, möchte ich vor ihm sterben.«[77] Henry schätzte an Helmut Schmidt dessen messerscharfe Intelligenz, seine Gradlinigkeit und Verlässlichkeit. Seinem Freund Helmut Kohl rechnete er hoch an, dass er der eigentliche Erfinder des NATO-Doppelbeschlusses war. Die Russen hatten Mitte der Sechzigerjahre mit atomaren SS-20-Mittelstreckenraketen aufgerüstet. Dem hatte die NATO nichts entgegenzusetzen. Helmut Schmidt schlug daraufhin vor, dass die NATO den Russen androhen sollte, gleichwertige Raketen zu produzieren, gleichzeitig aber ein Gesprächsangebot zu unterbreiten, wie dies verhindert werden könnte –

nämlich indem beide Seiten auf den Besitz dieser atomaren Mittelstreckenraketen verzichteten. Der Plan war in der deutschen Bevölkerung sehr umstritten.

Als ihn Helmut Kohl nach Schmidts Sturz später übernahm, versammelten sich Hunderttausende auf den Straßen, um dagegen zu protestieren. Helmut Kohl ließ sich weder einschüchtern noch beirren und setzte durch, dass der Doppelbeschluss gefasst wurde. Dies war Russlands »Todesstoß«: Die Sowjets konnten sich die durch den NATO-Doppelbeschluss verursachten Rüstungsausgaben nicht mehr leisten und wurden zahlungsunfähig. Die NATO hatte die UdSSR quasi zu Tode gerüstet. Dieser Insolvenz, der vernünftigen Weitsicht Gorbatschows sowie Kohls entschlossenem Handeln haben wir die Wiedervereinigung zu verdanken.

Kissinger und Kanzler Schmidt kannten sich seit Ende der Fünfzigerjahre, als Helmut Schmidt die Sommer School in Harvard besuchte. Sie waren nie per Du, was Henry nicht störte, denn er wusste, dass Helmut Schmidt als Hanseat außer seinen Parteigenossen fast niemanden duzte. Helmut Schmidt lud Henry zu seinem achtzigsten Geburtstag ins Hamburger Thalia Theater ein. Kissinger kam als Ehrengast – und sprach nicht über Weltpolitik, sondern trug, auf Deutsch, das Gedicht »Jetzt wohin« von Heinrich Heine vor. Auch Heine hatte Deutschland einst aus politischen Gründen verlassen, hatte aber, im Gegensatz zu Henry, lebenslang Sehnsucht nach Deutschland gehabt. Es ist anzunehmen, dass Louis Kissinger seinem

Sohn das Poem, das dieser bei Helmut Schmidts Geburtstag rezitierte, beigebracht hatte:[78]

Jetzt wohin? Der dumme Fuß
Will mich gern nach Deutschland tragen;
Doch es schüttelt klug das Haupt
Mein Verstand und scheint zu sagen:

Zwar beendigt ist der Krieg,
Doch die Kriegsgerichte blieben,
Und es heißt, du habest einst
Viel Erschießliches geschrieben.

Das ist wahr, unangenehm
Wär' mir das Erschossenwerden;
Bin kein Held, es fehlen mir
Die pathetischen Gebärden.
[...]
Manchmal kommt mir in den Sinn
Nach Amerika zu segeln,
Nach dem großen Freiheitsstall,
Der bewohnt von Gleichheitsflegeln –

Doch es ängstigt mich ein Land,
Wo die Menschen Tabak käuen,
Wo sie ohne König kegeln,
Wo sie ohne Spucknapf speien.
[...]

Traurig schau ich in die Höh',
Wo viel tausend Sterne nicken –
Aber meinen eignen Stern
Kann ich nirgends dort erblicken.

Hat im güldnen Labyrinth
Sich vielleicht verirrt am Himmel,
Wie ich selber mich verirrt
in dem irdischen Getümmel.

Dieses Gedicht wählte Henry mit Bedacht aus, denn er hatte seinen Frieden mit Deutschland gemacht. Bewusst hatte er auf das Heine-Gedicht verzichtet: »Denk ich an Deutschland in der Nacht, bin ich um den Schlaf gebracht.«[79]

Seine Geburtsstadt Fürth hatte ihn um Verzeihung gebeten, indem ihm dort die Goldene Bürgermedaille verliehen wurde und man ihn zum Ehrenbürger ernannte. Jeder Bundeskanzler, jeder Bundespräsident hatte sich bei ihm entschuldigt. Überhaupt galt dies für fast jeden Deutschen, mit dem er zu tun hatte – »mea culpa« war zum Credo der Deutschen geworden. Und sie meinten es so und richteten ihr Land sichtbar nach diesem Schuldbewusstsein aus.

Über Helmut Kohl, den Kanzler der Einheit, schrieb Henry in der *ZEIT* vom 27.6.2017: »Helmut Kohl hat sein Land durch die Wirren des Kalten Krieges gesteuert bis hin zur Vereinigung der Nation und zur wirtschaftlichen und politischen Einheit Europas, wobei er stets auf die Stärkung der transatlantischen Beziehungen bedacht war.«[80]

Bereits im Jahr 2000 hatte Helmut Kohl von der American Academy den Henry-Kissinger-Preis für sein herausragendes transatlantisches Wirken erhalten. Und auch Angela Merkel erhielt diesen Preis. Im *STERN*-Interview vom 30.6.2022 erklärte Kissinger: »Ich bin ein Freund von Angela. Ich rief sie an, als sie ihren ersten Regierungsjob hatte.«

Angela Merkel war von Helmut Kohl damals als erste Ostdeutsche im Kabinett zur Ministerin für Frauen und Jugend ernannt worden. Es ist schon bemerkenswert, wie aufmerksam Henry Kissinger seinerzeit die deutsche Politik verfolgte. Henry war neugierig, wer diese Frau aus dem Osten war, und er rief sie einfach an. Kaum anzunehmen, dass Kissinger auch die Regierungsbildungen in sämtlichen anderen Ländern der Welt so interessiert verfolgte. Auf Kissingers Frage, wie wohl sie sich damals in der ansonsten komplett westdeutschen Regierung fühle, antwortete Angela Merkel, sie sei noch nicht westdeutsch, im Urlaub fahre sie lieber nach Bulgarien als nach Frankreich. Zu Merkels retrospektiv kritisch beurteilter Russlandpolitik befragt, meinte Henry:

> *»Sie ist Realistin – ja. Ich war nicht immer einverstanden mit ihren Einschätzungen, aber ich hatte nie Zweifel, dass ihre Urteile sehr durchdacht waren, unemotional, und dass sie nicht davon ausging, sie könne Russlands Politik groß ändern. Anders als Willy Brandt und Egon Bahr. Aber vielleicht hat sie überschätzt, was an Nähe erreicht worden war.«*[81]

Henry, die Jahrhundertpersönlichkeit

Was hat Henry in seinem langen, erfüllten Leben nicht alles erlebt? Und was hat er in seinem wirklich langen Leben nicht alles bewirkt? Was hat er mit seinem unsagbaren Fleiß nicht alles geschaffen? Wie sähe die Welt ohne ihn aus? Das sind kurze Fragen. Die Antworten würden viel Platz einnehmen.

Als ich meinen Freund, Secretary William S. Cohen, Verteidigungsminister unter Präsident Clinton und Ex-Senator von Maine, fragte, ob er mir etwas zu Henry Kissinger sagen könne, das in der Öffentlichkeit noch nicht bekannt sei, schrieb er mir:

> *»Henry ist ein unglaublicher Mann. Ein wahres Genie. Ich kenne ihn seit fünfzig Jahren. Was die Leute gemeinhin nicht wissen, ist, dass er ein Filmfreak ist und Hunde liebt. Wir verbringen jedes Jahr Zeit mit ihm an einem abgeschiedenen Ort namens Morefar.«*

Eine Jahrhundertpersönlichkeit macht das Jahrhundert voll. Churchill hat es nicht geschafft. Alkohol und Zigarren habe ihn »schon« mit einundneunzig dahingerafft. Legendär noch heute seine Antwort auf die Frage, wie er trotz seiner Vorliebe für Zigarren, Whisky und Champagner ein so hohes Alter habe erreichen können. Churchill erklärte ganz einfach: »No sports!«

Auch Henry hat auf jede sportliche Betätigung verzichtet, sieht man von seinen Fußballspielen auf dem Schulhof einmal ab. Trotzdem müssen die medizinischen Lehrbücher nicht neu geschrieben werden. Jeder Mensch hat nun einmal eine andere physische Konstitution. Interessant bleibt die Frage nach der Dimension dieses Mannes. Wieviel passt hinein in ein Menschenleben? Und: Wie lässt sich die Weisheit eines Jahrhundertgenies konservieren?

Wir müssen uns erinnern an die Leistungen des großen Henry Kissinger. Wir müssen und wir wollen ihm weiter zuhören, jetzt wo er hundert Jahre alt wird. Happy Birthday, Mr. Kissinger!

QUELLEN

1 Über die Dinner mit Kissingers Teilnahme wurde unter anderem berichtet in: Marie Waldburg: »Generäle, Gedichte und jede Menge Getalke«, *Bunte*, 15.02.2001, S. 104 f.; Marie Waldburg: »Hier tafelt die Macht«, *Bunte*, 11.02.2010, S. 24–27; »Dinner der Auserwählten«, *Bunte*, 09.02.2012, S. 96–98; »Urige Gipfel-Pause«, *Bunte*, 06.02.2014, S. 96.

2 Henry Kissinger, *Welt am Sonntag*, 23. Oktober 1994

3 Evi Kurz, *Die Kissinger Saga*, Fürth 2007, S. 45 f.

4 Kurz: *Die Kissinger Saga*, S. 53 ff.

5 Kurz: *Die Kissinger Saga*, S. 59 ff.

6 Kurz: *Die Kissinger Saga*, S. 70 ff.

7 Kurz: *Die Kissinger Saga*, S. 90–98.

8 Kurz: *Die Kissinger Saga*, S. 108–114.

9 Walter Isaacson: *Kissinger*, New York 1992, S. 36.

10 Isaacson: *Kissinger*, S. 37.

11 Henry Kissinger, 19.12.1988; Blumenfeld: *Henry Kissinger*, 40–44; Alan Ascher, 30.01.1989, zitiert nach: Isaacson: *Kissinger*, S. 38.

12 Henry Kissinger, 19.12.1988, zitiert nach: Isaacson: *Kissinger*, S. 38.

13 Brief von Henry Kissinger an Walter Kissinger, 13.08.1943, zitiert nach: Isaacson: *Kissinger*, S. 40.

14 Brief von Henry Kissinger an Walter Kissinger, 13.08.1943, zitiert nach: Isaacson: *Kissinger*, S. 41.

15 Isaacson: *Kissinger*, S. 43.

16 Fritz Kraemer, 04.05.1988; Henry Kissinger, 19.12.1988, zitiert nach: Isaacson: *Kissinger*, S. 43.

17 Isaacson: *Kissinger*, S. 45.

18 Isaacson: *Kissinger*, S. 45.

19 Isaacson: *Kissinger*, S. 48.

20 Henry Kissinger: *Eindrücke von Deutschland*, unpublizierter Text, geschrieben in Briefform 1945 an die Eltern, zitiert nach: Isaacson: *Kissinger*, S. 11.

21 Brief von Henry Kissinger an seine Eltern, 1945, zitiert nach: Isaacson: *Kissinger*, S. 50 ff.

22 Isaacson: *Kissinger*, S. 53.

23 Henry Kissinger, 19.12.1988; Fritz Kraemer, 14.05.1988; Ralph Blumenfeld: *Henry Kissinger. The Private and Public Story*, Toronto 1974, S. 60–80, zitiert nach: Isaacson: *Kissinger*, S. 54.

24 Brief von Henry Kissinger an seine Eltern, 22.12.1946, zitiert nach: Isaacson: *Kissinger*, S. 56.

25 Henry Kissinger, 19.12.1988; Joseph Kraft: »In Search of Kissinger«, *Harper's*, Januar 1971, zitiert nach: Isaacson: *Kissinger*, S. 56.

26 Dieses und die folgenden Zitate auf Seite 71, 121 und 144 werden Henry Kissinger zugeschrieben.

27 Isaacson: *Kissinger*, S. 64 ff.

28 Isaacson: *Kissinger*, S. 86 f.

29 Brief von Henry Kissinger an seine Eltern, 04.06.1952, zitiert nach: Isaacson: *Kissinger*, S. 81 f.

30 Isaacson: *Kissinger*, S. 89 f.

31 Russel Baker: »The Cold War and the Small War«, *Time*, 26.08.1957, S. 14, zitiert nach: Isaacson: *Kissinger*, S. 89.

32 Isaacson: *Kissinger*, S. 87 ff.

33 Isaacson: *Kissinger*, S. 101 ff.

34 Isaacson: *Kissinger*, S. 137 ff.

35 *Time*, 13.12.1968 und 14.02.1969; *The New York Times*, 04.12.1968, zitiert in: Isaacson: *Kissinger*, S. 139 ff.

36 Isaacson: *Kissinger*, S. 665.

37 Tonbandaufnahmen des Weißen Hauses, zitiert nach: Bernd Greiner: *Henry Kissinger. Wächter des Imperiums*, S. 153 ff.

38 Greiner: *Kissinger*, S. 377 ff.

39 Barbara Howar, 08.12.1989; *Washington Post*, 10.10.1969; Blumenfeld: *Henry Kissinger*, S. 211; *Safire: Before the Fall*, S. 159, zitiert nach: Isaacson: *Kissinger*, S. 335.

40 Isaacson: *Kissinger*, S. 356.
41 Isaacson: *Kissinger*, S. 362.
42 Isaacson: *Kissinger*, S. 369.
43 Isaacson: *Kissinger*, S. 369.
44 Isaacson: *Kissinger*, S. 366.
45 Isaacson: *Kissinger*, S. 589.
46 Isaacson: *Kissinger*, S. 502.
47 Isaacson: *Kissinger*, S. 500.
48 Isaacson: *Kissinger*, S. 501.
49 Isaacson: *Kissinger*, S. 506.
50 *Time*, 10.06.1974; *Newsweek*, 10.06.1974, zitiert nach: Isaacson: *Kissinger*, S. 572.
51 Isaacson: *Kissinger*, S. 407 ff.
52 Peter Lisagor: »The Kissinger Legend«, *Chicago Sun-Times*, 18.06.1972, zitiert nach: Isaacson: *Kissinger*, S. 437.
53 Safire: *Before the Fall*, S. 459; Private Erinnerungen von John Andrews, Juni 1972, zitiert nach: Isaacson: *Kissinger*, S. 438.
54 Isaacson: *Kissinger*, S. 459.
55 Isaacson: *Kissinger*, S. 496.
56 Valeriani: *Travels with Henry*, S. 33; Kraft: »Henry Kissinger, the Virtuoso, at 50«, *Washington Post*, 27.05.1973, zitiert nach: Isaacson: *Kissinger*, S. 497.
57 Hugh Sidey, 16.10,1989, zitiert nach: Isaacson: *Kissinger*, S. 627.
58 Isaacson: *Kissinger*, S. 694.
59 James Naughton: »Ford Sees Wisconsin Vote as Kissinger Endorsement«, *New York Times*, 08.04.1976, zitiert nach: Isaacson: *Kissinger*, S. 694.
60 Valeriani: *Travels with Henry*, S. 392–399; Bernard Gwertzman: »Now, Kissinger Woos His Critics«, *New York Times*, 19.01.1977, zitiert nach: Isaacson: *Kissinger*, S. 704.
61 Isaacson: *Kissinger*, S. 712.
62 Isaacson: *Kissinger*, S. 738.
63 Isaacson: *Kissinger*, S. 755.

64 *Stern*, Nr. 27, 30.6.2022, S. 22–27.
65 Nancy Kissinger, 23.02.1991; Paula Kissinger, 04.03.1991; Walter Kissinger 10.03.1991, zitiert nach: Isaacson: *Kissinger*, S. 759.
66 Evi Kurz: *Die Kissinger Saga*, Fürth 2007, S. 181.
67 Henry Kissinger: *Memoiren 1968–1973*, Band II, München 1979
68 Kurz: *Die Kissinger Saga*, S. 138.
69 Kissinger, *Memoiren* 1968–1973, Band II.
70 Kurz: *Die Kissinger Saga*, S. 170.
71 Kurz: *Die Kissinger Saga*, S. 174 f.
72 Kurz: *Die Kissinger Saga*, S. 162.
73 Kurz: *Die Kissinger Saga*, S. 157.
74 Kurz: *Die Kissinger Saga*, S. 149.
75 Kurz: *Die Kissinger Saga*, S. 191.
76 Bernd Greiner, *Henry Kissinger, Wächter des Imperiums*, S. 113.
77 Marcus Pindur (11.11.2025): »Die Welt wird ihn vermissen«, *Deutschlandfunk*, https://www.deutschlandfunk.de/henry-kissinger-ueber-helmut-schmidt-die-welt-wird-ihn-102.html
78 Kurz: *Die Kissinger Saga*, S. 57 f.
79 Kurz: *Die Kissinger Saga*, S. 147.
80 Henry Kissinger (29.06.2017): »Helmut Kohl und Henry Kissinger. Eine letzte Umarmung«, *Zeit online*, https://www.zeit.de/2017/27/helmut-kohl-henry-kissinger-wiedervereinigung-erinnerung
81 Gregor Peter Schmitz (16.06.2022): »Henry Kissinger warnt vor neuem Kalten Krieg mit China«, *Stern*, https://www.stern.de/politik/henry-kissinger--china-und-die-usa-koennen-die-menschheit-zerstoeren-32497538.html

Über den Autor

Dr. Wolfgang Seybold wurde am 10.12.1946 in Göppingen/Baden-Württemberg als Sohn des Bauunternehmers Fritz Seybold und seiner Frau Inge, Dipl.-Chem., geboren.

Sein Studium in Jura und Volkswirtschaftslehre an der Freien Universität Berlin und ab 1979 an der Ludwig-Maximilians-Universität München schloss er 1980 mit dem Ersten Juristischen Staatsexamen an der LMU in München ab. 1981 arbeitete er beim Bundestagsabgeordneten und späteren Verteidigungsminister und NATO-Generalsekretär Dr. Manfred Wörner im Bundestag in Bonn, bevor er 1982 das Zweite Juristische Staatsexamen bestand. 1984 promovierte er zum Dr. jur. an der FU Berlin bei Prof Dr. Blei. Seine eigene Kanzlei gründete er 1986, die bis 2019 in der Königinstraße 11a in München residierte und danach an den Tegernsee umzog.

Dr. Seybold war erstmals im Jahre 1982 Gastgeber eines deutsch-amerikanischen Dinners im Restaurant Käfer am Vorabend der Münchner Sicherheitskonferenz. Dieses sich bis in die Vorcoronazeit 2019 jährlich wiederholende Dinner erlangte mit Gästen wie Henry Kissinger, Angela Merkel, John McCain, Hillary Clinton, John Kerry und Ursula von der Leyen sowie führenden Wirtschaftsvertretern beider Länder eine gewisse Berühmtheit.

Im Februar 2006 erhielt Dr. Seybold in Anerkennung seiner Verdienste um die deutsch-amerikanische Freundschaft aus den Händen von Hillary Clinton und John McCain den Orden »Medal of Distinguished Service for the United States of America« überreicht. 2003 wurde er zum Ehrensenator der BiTS Business and Technology School (University of Europe for Applied Sciences) in Iserlohn ernannt.